Zu diesem Buch:

»So ein Prima vista spiellen und scheissen ist bey mir einerley.«
Wolfgang Amadeus Mozart, 1778

Solche deftigen Klagen brachte Mozart zu Papier, nachdem er der
Aufführung eines seiner eigenen Werke durch den Abbé Vorgler
beigewohnt hatte. Er schrieb weiter, »das erste stuck gieng Prestißimo das Andante allegro und das Rondo wahrlich Prestißißimo, den
Baß spielte er meistens anderst als es stund, und bisweilen machte er
ganz eine andere Harmonie und auch Melodie. es ist auch nicht anderst möglich, in der geschwindigckeit.«
    Die Geschwindigkeit in der klassischen Musik ist das Thema, mit
dem sich Grete Wehmeyer in diesem Buch auseinandersetzt. Denn
was zu ihren Lebzeiten schon Beethoven, Mozart, Schubert und andere in Aufruhr versetzte, gilt als heute unstrittiges Phänomen: Die
klassische Musik wird erheblich schneller gespielt als von ihren
Komponisten gewollt.
    Die Gründe für diesen Geschwindigkeitsrausch mögen in einer
allgemeinen Beschleunigung unserer Lebenswelt seit der Erfindung
der Eisenbahn, seit der Industrialisierung liegen, doch die meisten
der Musikwissenschaftler und Interpreten, die Verfechter eines
»Diktats der Geschwindigkeit«, haben stets ein anderes, ein scheinbar objektives Argument für die rasenden Tempi vorgebracht: die
Metronomzahlen, die seit der Erfindung des Metronoms im Jahre
1814 von den Komponisten höchstpersönlich auf ihren Partituren
vermerkt wurden. Allein – etwas stimmt nicht mit diesen Zahlen.

Die Autorin:
Grete Wehmeyer, Pianistin und Musikwissenschaftlerin, war lange
Klavierpädagogin, u. a. in Japan. Sie veröffentlichte vielbeachtete
Bücher über die Komponisten Erik Satie (1974), Edgar Varèse (1977)
und Carl Czerny (Czerny und die Einzelhaft am Klavier, 1983). Seit
1984 beschäftigt sich die Autorin intensiv mit der Tempotheorie, die
Gegenstand dieses Buches ist. Grete Wehmeyer lebt in Köln.

Grete Wehmeyer

prestißißimo

Die Wiederentdeckung
der Langsamkeit in der Musik

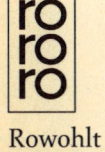

Rowohlt

Veröffentlicht im Rowohlt Taschenbuch Verlag GmbH,
Reinbek bei Hamburg, September 1993
Copyright © 1989 by Kellner GmbH & Co. Verlags KG, Hamburg
Copyright © 1993 by Rowohlt Taschenbuch Verlag GmbH,
Reinbek bei Hamburg
Umschlaggestaltung: Ingo Wulff (Foto: Axel Nickolaus)
Gesamtherstellung Clausen & Bosse, Leck
Printed in Germany
1290-ISBN 3 499 19150 4

Inhalt

Prolog – Tempolimit: halb so schnell   7

1. Das Denken auf ein Ziel in der Zeit   11

2. Das Wirtschaftsleben verlangt genaue
   Zeitbestimmungen   14

3. Zeitvergeudung ist die schwerste aller Sünden . .   18

4. Wie das Uhrendenken in die Musik eindrang . . .   22

   a) Tänze   24

   b) Glocken und Pendel   28

   c) Der Pulsschlag als Maß   31

   d) Taktschlagen und dirigieren   35

   e) J. G. E. Stöckels Chronometer   40

   f) Johann Nepomuk Maelzel und das
      Metronom   42

5. 1 × klopfen, 2 × ticken   53

6. »Wie waren die Tempi?«   56

7. Eine Chronologie: Zeit, Arbeit, Musik   60

8. Eine neue Oberschicht und ein neues
   Kunstverständnis   68

9. Passagenwuth   73

10. Ein neuer Abschnitt in der Weltgeschichte . . .   76

11. Die Eisenbahn veränderte Sehen und Denken . . .   82

12. Virtuosen   88

13. Was vermag der Nervenapparat des Menschen? . .   97

14. Unausweichlich stets schneller und schneller . . .   99

15. Kritik am Primat der Geschwindigkeit 104

16. Aufführungsdauern 106

17. Nicht nur schneller, auch höher 111

18. Nur eine kurze Probe möglich 113

19. Inszenierungen von Musik 118

20. Zweifel am Prestißißimo 123

21. Die Entdeckung von Willem Retze Talsma 129

22. Die vergessenen Spielgepflogenheiten 140

23. Die Rechte des Zuhörers 150
24. Die Negation der herrschenden Kultur 153
Epilog – Kassensturz 156
Anmerkungen 161
Literaturhinweise 171

»Die Flucht in ein scharfes, in ein gleichsam geduckt dahinsausendes, von Riesenaffekten freies Tempo stellt im Allegro molto der PATHÉTIQUE wahrscheinlich gar kein Ausweichen dar. Sie ist die einzige Form, dem Satz gerecht zu werden.« (Joachim Kaiser 1975 über Ludwig van Beethovens SONATE PATHÉTIQUE)[1]

Bach zügig, Mozart äußerst frisch, Beethoven geduckt dahinsausend, Chopin und Liszt rasant – so muß klassische Musik sein, so entspricht sie unserem Lebensgefühl, so klingt sie von Schallplatten, aus dem Radio, im Konzertsaal und im Opernhaus. *Schnell* muß Musik gespielt werden, wie Autos und Züge *schnell* fahren müssen, damit wir nicht nervös werden. Die Musiker üben viele Stunden am Tag und verzichten auf mancherlei, um höchste Tempi spielen zu können. Die Dirigenten sind glücklich, hervorragende Instrumentalisten in den Orchestern sitzen zu haben, mit denen sie klassische Musik zügig, äußerst frisch, geduckt dahinsausend und rasant ausführen können – in Übereinstimmung mit dem Geist unserer Zeit.

»Und«, fügen sie auf Befragen hinzu, »so haben die Komponisten der Vergangenheit sich ihre Musik vorgestellt. Wenn Sie einen Beweis dafür haben wollen, dann sehen Sie die Metronomzahlen nach.« Tatsächlich deuten die Angaben, mit denen Komponisten seit Anfang des vorigen Jahrhunderts, seit der Erfindung des Maelzelschen Metronoms, die Spielgeschwindigkeit ihrer Stücke festlegen können, auf sehr hohe Tempi.

Zwar gibt es seit 60 Jahren Zweifel an diesen Tempi, zwar lenken die Lehrbücher aus der Zeit der klassischen Musik zwischen J. S. Bach und Chopin das Augenmerk auf andere Wichtigkeiten als auf die Schnelligkeit, doch hatte dies keinerlei Auswirkungen auf die Praxis – vor allem wegen der Metronomzahlen nicht, die die hohen Tempi zu befehlen und

Authentizität zu garantieren scheinen. Viele Musiker leiteten aus diesen Zahlen sogar das Diktat zum Schnellspielen ab, und so nahm das Musikleben unangefochten seinen Lauf, bis im Jahre 1980 ein Buch erschien, das die Entdeckung enthielt, daß wir heute diese Metronomzahlen falsch lesen und deshalb alle sogenannten schnellen Sätze der klassischen Musik um das Doppelte zu schnell spielen. Das Buch heißt »Widergeburt der Klassiker«, der Verfasser Willem Retze Talsma.[2]

Ein Börsenkrach hätte nicht bestürzender sein können, wenn die Musiker diese Entdeckung zur Kenntnis genommen, wenn sie das Buch bemerkt oder gar gelesen hätten. Das haben sie aber so wenig getan, wie sie die Lehrbücher der Vergangenheit zu studieren und deren Anweisungen zu beherzigen bereit waren.

So wird die Entdeckung Talsmas kaum diskutiert und noch weniger in der Praxis befolgt. Dabei ist es keineswegs nur eine Bagatelle, was da zur Diskussion ansteht; immerhin geht es um die Frage, warum sich die Spielgeschwindigkeit in der Musik in den letzten 170 Jahren verdoppeln konnte.

Vor etwa 200 Jahren wurde erstmals bemerkt, daß die Spieltempi in der Musik wuchsen, ohne daß man diese Tatsache hätte erklären können. Zwar machte man die Instrumentalvirtuosen verantwortlich, die in jener Zeit neu ins Musikleben eintraten, was bedeutete, daß nicht mehr nur der Komponist selber sein Werk spielte; bis zu diesem Zeitpunkt hatte sich die Frage eines ›zu schnell‹ oder ›zu langsam‹ kaum gestellt. Den Interpreten und Virtuosen war dagegen ihre Fertigkeit auf dem Instrument« wichtiger als die Vorstellung, die ein Komponist von seinem Werk hat. Ignoranz und Selbstherrlichkeit von Interpreten können verschiedenartigste Abweichungen von der Konzeption des Komponisten zur Folge haben – man benutzt das falsche Instrument, spielt zu laut oder zu leise, produziert eine Bearbeitung oder eine Paraphrase. So vermag die neue Arbeitsteilung zwischen Komponist und Interpret keineswegs zu erklären, warum sich seit dem Beginn des 18. Jahrhunderts ausgerechnet die allmählich bis zur Verzerrung betriebene Erhöhung der Geschwindigkeit als markanteste und nicht mehr beeinflußbare Tendenz unbeirrt durchsetzen konnte.

Um einer Erklärung näherzukommen, muß das Problem in einem größeren Zusammenhang betrachtet werden, denn das Anwachsen des Tempos beim Musizieren ist nur ein Segment der »selbstgezündeten Selbstbewegung«[3] (Sloterdijk), die sich durch die Beschleunigung des ganzen Lebens, durch die Industrialisierung und den Einsatz moderner Verkehrsmittel entfachte; den markantesten Ausgangspunkt für diese Entwicklung setzte der Bau der Eisenbahn. Doch zu einer solchen Beschleunigung konnte es erst kommen, nachdem sich im Denken der Menschen ein lineares, auf ein Ziel gerichtetes Zeitbewußtsein durchgesetzt hatte. Die Instrumentalvirtuosität ist nur ein hörbares Produkt dieser Entwicklung, sie ist ein »Phänomen der reinen Mobilität« (Sloterdijk) unter vielen.

Wenn die Theorie Talsmas, daß wir nämlich die klassische Musik in vielen Fällen doppelt so schnell spielen, wie es sich der Komponist vorgestellt hatte, nicht widerlegt werden kann, dann stimmt im heutigen Musikleben nichts mehr – kein Konzert, keine Schallplatte, keine Rundfunksendung, keine Opernaufführung. Vielmehr spielen wir unserer technisierten, auf »Tempo« eingestellten Gegenwart angepaßte Interpretationen einer Musik, die 150 bis 200 Jahre alt ist. Die Folge ist, daß wir den Inhalt dieser Musik nicht mehr erkennen können und daß sich ihre eigentliche Botschaft uns nicht mehr mitteilt.

Wenn man sich entschließt, die Musik bis etwa 1850 im *klassischen*, das heißt in halb so schnellem Tempo aufzuführen, wird man Erstaunliches erleben. Nicht nur einzelne vertraute Stücke sind nicht wiederzuerkennen; nein, im gesamten Œuvre der Musikheroen von Bach bis Schumann und Chopin enthüllen sich für den Hörer neue Bedeutungen, uns bisher unbekannte Seiten der Persönlichkeiten der Schöpfer werden sichtbar. Es ändern sich das Antlitz und die Inhalte einer ganzen Epoche – einer Epoche, die ein wesentliches Fundament für uns bedeutet. Unser Selbstverständnis könnte sich wandeln. Ein Umdenken wie im Falle von Rembrandt und Michelangelo steht für die klassische Musik ins Haus.

Im Bereich der Musik braucht eine solche Neuorientierung nicht nur mit dem Wort zu geschehen. Die praktische Ausführung – das Musizieren Ton für Ton im Tempo der jeweiligen Entstehungszeit eines Werkes, beispielsweise der Beethoven-Zeit unter Beachtung der damaligen, heute aber vergessenen Spielgepflogenheiten – erlaubt uns, in das Zeitbewußtsein und das Lebensgefühl vor der industriellen Revolution zurückzutauchen. Das ist so fremd und so heilsam wie das Einsteigen in eine andere Kultur.

1. Das Denken auf ein Ziel in der Zeit

Es war in Europa – in keinem anderen Teil der Erde –, wo das Tempo des Lebens anzog und sich schließlich verselbständigte. Das konnte nur geschehen dank eines besonderen Verhältnisses der Menschen zur Zeit: Nicht Sorglosigkeit den Stunden, Tagen und Jahren gegenüber bestimmen das Lebensgefühl, sondern ein Geizen damit – und weil man vom Ende weiß, ein Geizen bis in die Sekunden. Dieses Denken richtet sich auf ein Ziel in der Zeit, es ist *linear* im Unterschied zum zyklischen Verständnis anderer Kulturen, wo man nach einer gewissen Zeit einen neuen Kreislauf, einen abermaligen Zyklus erwartet. Das *lineare* Zeitbewußtsein ist gewissermaßen die Grundlage für alles, was in Europa in den letzten 2000 Jahren geschehen ist, auch für das Anwachsen der Tempi in der Musik.

Was die Ursprünge des linearen Zeitbewußtseins angeht, so führt Rudolf Wendorf in seinem Buch »Zeit und Kultur. Geschichte des Zeitbewußtseins in Europa«[4] aus, daß das Planen auf ein Ziel, auf einen Termin hin, zunächst nur im jüdischen Denken vorkommt. In ihrer Geschichte hatten die Israeliten mehrfach Grund und Gelegenheit, all ihr Hoffen oder Fürchten auf einen festen Zeitpunkt zu richten, sei es, daß die Propheten ihnen den Messias, die Apokalypse und das Jüngste Gericht oder auch die Befreiung aus der Gefangenschaft in Aussicht stellten. Dieses »Ausweichen in die Zukunft«, dieser »Ausdruck politischer Schwäche und gleichzeitig seelischer Stärke« schuf die Möglichkeit, »einer vielfältig feindlichen Welt über Jahrtausende hinweg zu trotzen«, die Möglichkeit einer »Bewältigung der Lebenserfahrungen« im Judentum. Im »linearen geschichtlichen Denken ist alles einmalig, unwiederholbar und damit von letztem Ernst«. Dieses Prinzip fand seinen Eingang in das Christentum und wurde »der vielleicht bedeutendste Beitrag des Judentums für die Kultur der modernen abendländischen Welt«.

Das Alte Testament gibt jedoch Aufschluß darüber, daß »Zeit« für die Juden nicht die Aneinanderreihung von kleinen Zeiteinheiten wie Minuten, Stunden und Tagen war – das Wort *Stunde* kommt im Alten Testament überhaupt nicht vor; vielmehr ging es »um den Impuls..., das im Augenblick Notwendige zu tun, mit Zuversicht die richtige Richtung einzuschlagen, den Blick immer vorwärts zu richten.« Im Altertum wie auch im Mittelalter war die Teilung des Tages in Stunden, Minuten und Sekunden durchaus bekannt. Sie beruhte auf Erkenntnissen der Astronomie, also der Wissenschaft, die bei der Erstellung des Kalenders eine wesentliche Rolle spielte. Für das tägliche Leben des Einzelnen hatten derartige Erkenntnisse jedoch keinerlei Bedeutung.

Mit dem Christentum drang das lineare Zeitdenken nach Zentraleuropa vor, und auch die Musik der Synagoge wurde übernommen. Die christliche Lehre kam nicht direkt von Jerusalem nach Rom und Zentraleuropa, sondern sie nahm ihren Weg über Antiochien, der dritten Hauptstadt des Römischen Reiches, neben Rom und Alexandrien. Kulturell gehörte Antiochien in den Bereich des Hellenismus, gesprochen wurde Griechisch. Mit der christlichen Lehre in ihrer hellenistischen Färbung kam auch der synagogale Gesang in einer hellenisierten Ausprägung nach Rom.[5] Man weiß sehr wenig über diese Musik. Von großer Bedeutung für das Abendland wurde jedoch, daß in der hellenistischen Epoche (ca. 300 v. Chr. bis ca. 100 n. Chr.) die physikalischen Grundlagen der Musik sowie ihr Platz in der Welt und im Universum formuliert wurden. Der Römer Marcus Terentius Varro (gest. 27. v. Chr.) nahm die Einreihung der Musik in das mathematische Quadrivium vor – sie wurde zur mathematischen Disziplin neben Arithmetik, Geometrie und Astronomie.

Der hörbare Klang der Musik, ihre Sinnlichkeit, war damals, zumindest für die Theoretiker, kein Thema, obwohl es differenzierte Kenntnisse über die Schwingungsverhältnisse der Intervalle gab. Die sich daraus ergebenden Zahlen wurden als

Abbild der Sphären, als Offenbarung der Harmonie der Welt aufgefaßt. Nach Augustinus war »Gott die Quelle und der Ort der ewigen Zahlenverhältnisse«. In seinem »Versuch über die musikalische Zeitgestalt und ihre Wandlung in der europäischen Musik seit der mensuralen Mehrstimmigkeit« schreibt Andreas Briner[6]: »Für den mittelalterlichen Menschen ist dementsprechend das ›eigentliche‹ musikalische Geschehen – sofern er sich ihm vorstellungsmäßig nähert – eine Bewegung in der Transzendenz, räumlich loziert: eine Bewegung der Sphären.«

Die Überlegung, ob jene Musik – entsprechend der christlichen Lehre, die sie als Gesang überhöhte – ein lineares Zeitbewußtsein repräsentierte, ist noch nicht angestellt worden.[7] Briner bezeichnet die Musik des Mittelalters als »statisch«. Eine Dynamisierung und die Durchdringung mit Zeitelementen setzte erst in der Renaissance ein. Es waren die Praktiker, die diese Veränderung herbeiführten.

Es muß grundsätzlich gefragt werden, ob es einen Unterschied gibt zwischen der in einem linearen und der in einem zyklischen Zeitbewußtsein entstandenen und praktizierten Musik. Heute, nach 2000 Jahren überschaubarer Musikentwicklung im mittelmeerisch-europäischen Raum, bietet sich folgende Gleichsetzung an: Zum zyklischen Zeitempfinden gehören Reihungen und litaneihafte Formabläufe, während musikalische Entwicklungstechnik nur innerhalb von linearem Zeitdenken existieren kann. Tatsächlich läßt sich eine Entwicklungstechnik in der Musik nur in Zentraleuropa erkennen, also im Zentrum des linearen Zeitbewußtseins; und dort wurde sie im 18. Jahrhundert durch Haydn, Mozart und Beethoven ausgebildet – also annähernd gleichzeitig mit dem Anziehen des Tempobewußtseins und des wachsenden naturwissenschaftlich-ökonomisch-industriellen Denkens auf ein Ziel hin.

2. Das Wirtschaftsleben verlangt genaue Zeitbestimmungen

In den mittelalterlichen Klöstern dienten Zeitfixierungen vorwiegend der Kennzeichnung von Gebetsstunden. Die Menschen außerhalb der Klöster lebten mit dem Tagesablauf und dem Wechsel der Jahreszeiten, ohne in Minuten und Stunden zu rechnen. Im ökonomischen Bereich gab es diesbezüglich ganz andere Notwendigkeiten: Sowohl der Handel als auch die Textilfabrikation in Südfrankreich bedurften präziserer Zeitbestimmungen für Abgang und Eintreffen von Transporten und für die Definition von Arbeitszeiten in den Manufakturen. Die beginnende industrielle Revolution verlangte nach einer stärkeren Synchronisierung der Arbeit. Gegen den *temps de l'église* setzte sich der *temps du marchand*, gegen die *Kirchenzeit* die *Zeit des Wirtschaftslebens* durch, und das schon im Mittelalter[8]. Während in den Klöstern *Zeit* noch als etwas von Gott Geschenktes verstanden wurde, das man nicht gegen Geld hergeben und nicht verkaufen konnte, das also keine Handelsware war, keimte im wirtschaftlichen Bereich bereits das gegenteilige Denken: Zeit ist durchaus auch Geld, wie es Benjamin Franklin später (1748) ungeschminkt formulierte. Und kurz darauf setzte unweigerlich das Rechnen mit Tagen, Stunden und Minuten ein. Zeit mußte meßbar werden. Der Bau von Uhren wurde das Gebot der Stunde.

Zwischen 1270 und 1300 wurden erstmals Räderuhren mit Gewicht und Hemmung konstruiert, die eine gleichmäßig fließende und regelmäßig gegliederte Zeitmessung ermöglichten.

Annähernd zur gleichen Zeit begann man in der Musik damit, den Unterschied von längeren und kürzeren Tönen im Notenbild kenntlich zu machen.

Solange Musik einstimmig und mit Text verbunden gewesen war – wie in der Antike und im frühen Mittelalter –, hatten sich Längen und Kürzen von selber ergeben, da sie von den Akzenten im Text bestimmt wurden. Darum war es über lange Zeit vollkommen ausreichend, den Bibeltext mit Akzenten zu versehen. Sobald sich jedoch zum festliegenden Gesang Gegenstimmen gesellten, die ein vom Text mehr oder weniger unabhängiges Eigenleben führten, sobald sich echte Mehrstimmigkeit entwickelte, erwies es sich als praktisch, den Noten bestimmte Längen zu geben, damit jeder Sänger sich in seiner Stimme zurechtfinden konnte. Diese Entwicklung wurde ab der Mitte des 12. Jahrhunderts vornehmlich in der Notre-Dame-Schule in Paris vorangetrieben.

Schritt für Schritt entstand die Mensuralnotation, in der zwar unterschiedlich aussehenden Noten unterschiedliche Dauern zugeordnet sind – der uns geläufige Sachverhalt in der Notenschrift, mit der wir heute umgehen –, doch hatten diese Dauern untereinander so komplizierte Beziehungen von Längen und Kürzen, die sogenannte Mensur, daß es eines besonderen Studiums bedurfte, um das Notenbild entziffern und danach musizieren zu können.

Es dauerte beinahe 200 Jahre, bis sich in Europa ein Denken in Uhrenzeit durchsetzte und schließlich den Alltag bestimmte. Mit dem Anfang des 16. Jahrhunderts, als Peter Henlein[9] in Nürnberg kleine, tragbare Uhren mit Selbstschlagwerk fertigte, war dieser Prozeß abgeschlossen. Gleichzeitig bemühten sich mehrere Musiker um eine Festlegung der absoluten Dauer der Noten, um den *integer valor notarum*. Praktiker, die mit Chören oder Orchestern arbeiteten, nahmen im Bereich der Musik die gleiche drängende und nach Veränderung strebende Stellung ein wie die Kaufleute hinsichtlich der Zeitbestimmung im ökonomischen Bereich[10].

In jenem Stadium wurde erstmals ein Wert für die Semibrevis (♩) festgelegt: 60–80 Semibreven sollten in eine Minute passen. Michael Prätorius (1571–1621) steckte den Rahmen von einer Viertelstunde für 320 Semibreven ab.

Bei solchen Definitionen ist der den Noten zugeordnete Wert bereits mit der Uhrzeit in Verbindung gebracht – in anderen Traktaten, zum Beispiel im »Fundamentalbuch« für die Orgel von Hans Buchner, wurde ein Zusammenhang zwischen Notendauer und Menschenschritten hergestellt, was sich noch heute in der Anweisung *andante* erkennen läßt. Ramus de Pareia und Savonarola nahmen den Pulsschlag zum Maßstab. Auch Tanzformen und die ihnen zugehörigen Schrittfolgen dienten der Orientierung. [11]

Bei solchen Tempobestimmungen blieb der Unterschied von Person zu Person als Ungenauigkeitsfaktor erhalten. Er konnte, abhängig von Temperament, Tageszeit und Gemütsverfassung, sehr erheblich sein. Eine objektive, also von der Person losgelöste und bis ins kleinste genaue Geschwindigkeitsfixierung wurde sowohl für die Musik als auch für die Zeitmessung möglich und erreicht, als man begann, Pendel zu benutzen.

1637 veröffentlichte Galilei in den »Discorsi« seine Lehren über die Pendelbewegung. Er erkannte, daß sich die Pendelbewegung auch für die Zeitmessung würde nutzen lassen, kam aber selber nicht mehr dazu, eine Pendeluhr zu bauen. Das sollte erst Christian Huygens im Jahre 1657 gelingen – unabhängig von Galilei, wie er betonte. Dank der Pendeluhr erhöhte sich die Genauigkeit der Zeitmessung beträchtlich.

Vierzig Jahre nach dem Bau der ersten Pendeluhr wurden in Frankreich Pendel für die Messung von Musik konstruiert.

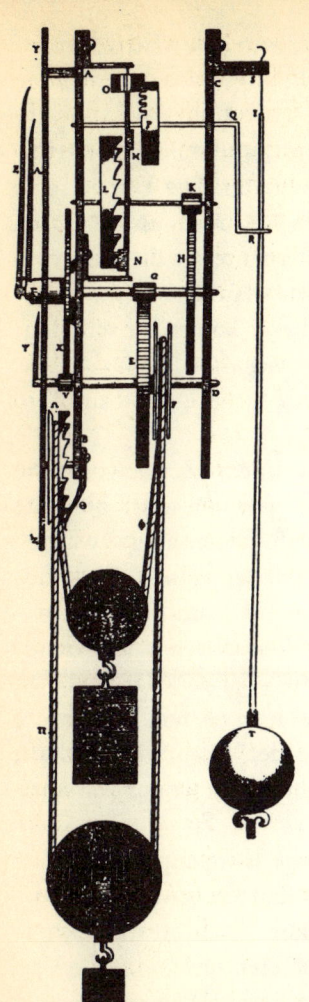

*Die erste Pendeluhr
von Huygens*

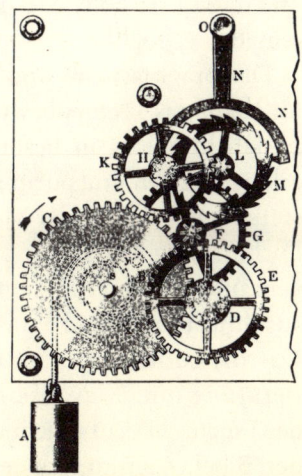

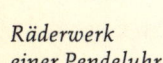

*Räderwerk
einer Pendeluhr*

3. Zeitvergeudung ist die schwerste aller Sünden

»Die Uhr, nicht die Dampfmaschine, ist die Schlüsselerfindung für das moderne Industriezeitalter. Die Uhr ist eine Art Kraftmaschine, deren ›Produkt‹ Sekunden und Minuten sind: Durch ihr eigenstes Wesen trennte sie die Zeit vom menschlichen Erleben und half, den Glauben an eine unabhängige Welt mathematisch meßbarer Folgen zu schaffen: die besondere Welt der Naturwissenschaften.«[12]

Lewis Mumford

Das Uhrendenken, und damit auch das lineare Zeitbewußtsein, verließ die Europäer nicht mehr, es gewann sogar absolute Herrschaft über sie. Mit Beginn des 18. Jahrhunderts wurden Uhren bedeutsam für den Tagesablauf des einzelnen. Sie konnten bereits serienmäßig produziert werden, und in Begeisterung für die neue Dimension *Zeit* stellten Uhren einen wichtigen Besitz, ein Schmuckstück oder ein Kunstwerk dar, und man war stolz darauf, eine sein eigen nennen zu dürfen. Das lineare Zeitdenken ermöglichte die Erfolge der Naturwissenschaft, und diese Erfolge wiederum förderten den Stolz auf den Fortschritt.

Der pragmatische und ökonomische Umgang mit der Zeit förderte das Tempobewußtsein in Europa zum Ende des 17. Jahrhunderts in besonderem Maße. In protestantischen, calvinistischen und puritanischen Gebieten setzte sich die Vorstellung durch, daß der Mensch einen *Beruf*[13] haben müsse. In Luthers Bibelübersetzung wird zum ersten Mal das Wort *Beruf* gebraucht. »Bleibe in deinem Beruf« übersetzte Luther bei Jesus Sirach 11,20 und 21, wo die lateinische Vulgata sagt »vocatio«. In Luthers »Beruf« schwingt dementsprechend *Ruf* und *Berufung* mit. Max Weber bemerkt dazu, daß die Bedeutung des Wortes »Beruf« nicht aus dem Geist des Originals, nämlich der Bibel, stammt, sondern aus dem Geist der Übersetzer.[14]

»Und wie die Wortbedeutung, so ist auch der Gedanke neu und ein Produkt der Reformation.« »Vocatio« war im überlieferten Latein die göttliche Berufung zu einem heiligen Leben und traf insbesondere für Geistliche und für Nonnen und Mönche im Kloster zu. Von Luther und den folgenden Generationen wurde der innerweltlichen *Berufs*-Arbeit diese halbsakrale Dimension zugesprochen.

Kaum 150 Jahre nach Luthers Bibelübersetzung war es soweit, daß der von Gott dem Menschen verliehene *Beruf* (worin immer *Ruf* und *Berufung* mitklingen) als Zentrum des Lebens angesehen wurde und allmählich den Umgang mit der Zeit veränderte. Richard Baxter (1615–1691) stellte in seinen Schriften zum christlichen Lebenswandel (um 1665) diese Berufsidee in den Mittelpunkt, um den er alles andere ordnete: Nur handeln, tätig sein dient dem Willen Gottes; Zeitvergeudung ist die schwerste aller Sünden; es wird detailliert aufgezählt, was als Verschwendung von Zeit anzusehen ist: Geselligkeit, faules Gerede, untätige Kontemplation und mehr als sechs bis acht Stunden Schlaf. Jede vertane Stunde geht dem Dienste Gottes verloren.[15]

Die Deutschen Pietisten waren womöglich noch strenger. August Hermann Francke (1663–1727) empfahl, religiöse Tagebücher zu führen, damit man sich ständig Rechenschaft über den angemessenen Gebrauch der Zeit – mit anderen Worten deren volle Ausschöpfung – ablegen könne.

Besonders rigoros regelte Nikolaus Ludwig Graf von Zinzendorf (1700–1760), Begründer der Herrnhuter Brüdergemeine, sein Leben. In seiner Biographie steht zu lesen: »Er überdachte im voraus, was für Arbeiten nützlich und nötig wären, und was er für Zeit dafür brauchen dürfte. Sodann machte er sich ein Register von den bevorstehenden Tagen, Wochen und Monaten, und schrieb sich die Arbeiten dazu, die er sich vorgenommen hatte. Einen jeden Tag theilte er wieder nach seinen Stunden ein, und merkte sich die zu jeder Stunde gehörige Arbeit. Kam ihm was dazwischen, so suchte er es nachzuholen, und das machte, daß er oft den größten Theil der Nacht zu Hülfe nahm, um sein bestimmtes Ziel zu erreichen. Wenn er nun einen gewissen Periodum zurückgelegt hatte, so nahm er die entworfenen Register vor sich, und sahe nach, was er getan und worinnen er zurückgeblieben sei.«[16]

Die Calvinisten und die englischen Puritaner erweiterten das Dogma der optimalen Zeitausnutzung um die (anfeuernde) Variante, daß sich an der materiellen Ausbeute einer Tätigkeit die Zustimmung Gottes ablesen lasse: wirtschaftlicher Erfolg, *erlaubter* Reichtum, galten als Lohn für den gewissenhaften Umgang mit der Zeit. Benjamin Franklin brachte (1748) die neue Ideologie auf den Punkt:

»Bedenke, daß Zeit auch Geld ist.«

In seinem Buch »Zeit, Arbeitsdisziplin und Industriekapitalismus« führt Edward P. Thompson zahlreiche Beispiele dafür auf, wie schwer es im 18. Jahrhundert der Arbeiterschaft wurde, sich an ein Leben nach der Uhr zu gewöhnen und welcher Tricks die Unternehmer sich bedienten, um ein Höchstmaß an Arbeitszeit aus den Arbeitern herauszuholen: Zu den Pausen oder bei Feierabend verstellten sie die Uhren oder sie verheimlichten den Arbeitern sogar die Uhrzeit, wodurch oftmals 14 bis 16 Arbeitsstunden am Tage zu leisten waren, ohne daß die Arbeiter die Möglichkeit zur Kontrolle hatten. Die Zeitmessung wurde in der damaligen Zeit als ein »Mittel zur Ausbeutung« eingesetzt.[17]

Peter Sloterdijk nennt den »wirtschaftlichen Prozeß das willigste Medium, das eigenmächtige Movens und den vielseitigsten Komplizen«[18] der »jahrhunderteübergreifenden Selbstmobilisierung«, worunter er die »selbstgezündete Selbstbewegung« versteht. »Aus der Allianz von selbstzeugender Selbsterhaltung, Gewinnstreben und Wettlauf entsteht die explosive Motivmischung, die der Modernisierungsbewegung den Schub verleiht.«[19]

Gleichzeitig mit Franklins berühmtem Satz über den Zusammenhang von Zeit und Geld äußerte Jean-Jacques Rousseau (1712–1778) massive Kritik an dem neuen Umgang mit der Zeit:

»Ich würde jeden Tag für sich selbst genießen, unabhängig vom vorhergehenden und vom folgenden... Ausschließlich mit dem Ziele beschäftigt, nach welchem sie streben, schauen die Menschen mit Bedauern auf den Zwischenraum, der sie von demselben trennt... Niemand will für heute leben, niemand ist mit der Minute, in der er lebt, zufrieden, allen erscheint sie zu langsam dahinzuschleichen. Wenn sie sich beklagen, daß die Zeit zu schnell dahineile, so sprechen sie eine Lüge aus. Sie möchten gern alles dahingeben, wenn sie dafür die Fähigkeit erlangen könnten, den Lauf der Zeit zu beschleunigen.«[20]

4. Wie das Uhrendenken in die Musik eindrang

»Klavierspielen ist ganz einfach«, soll J. S. Bach gesagt haben, »man braucht bloß die richtigen Tasten zur richtigen Zeit herunterzudrücken.«

Das kann erst seit 170 Jahren stimmen, seit nämlich genau aufgeschrieben wird, welche Töne welcher Dauer wie schnell hintereinandergespielt werden sollen. Dabei hilft die Angabe der Metronomzahlen. Vorher war jahrtausendelang nichts aufgeschrieben worden, und es gab als Anhalt für das Tempo allein die ständige vertraute Praxis des Musizierens.

Zeitlichkeit drang in kleinen Schritten in die Musik ein: Zunächst offenbarte sie sich in den Längen und Kürzen, später auch im Aufführungstempo – ein langer, komplizierter Prozeß. Er zog sich über etwa acht Jahrhunderte hin und kann mit der Präsentation von Maelzels Metronom als vorläufig abgeschlossen betrachtet werden. Seitdem erst hat ein Spieler tatsächlich die Möglichkeit, »die richtigen Tasten zur richtigen Zeit« anzuschlagen.

In den vorangegangenen Jahrhunderten wurden folgende Etappen bewältigt:

1. Das Aufschreiben überhaupt. Im 11. Jahrhundert begann Guido von Arezzo damit, Neumen – mit der Hand ausgeführte Bewegungen in der Luft zur Nachzeichnung von Melodien – auf Linien aufzuschreiben. Dabei wurde es möglich, die Tonhöhen festzulegen.

2. Die Fixierung von Längen und Kürzen im Schriftbild (in der Mensuralnotation seit der Mitte des 13. Jahrhunderts).

3. Der Versuch, für eine Note ihren absoluten Wert in Sekunden, ihren *integer valor*, festzulegen (60–80 Semibreven = 1 Minute, 16. Jahrhundert).

4. Die Vermittlung, wie langsam oder wie schnell eine Musik sein sollte. Über lange Zeit hinweg – noch bei J. S. Bach –

hatten hierfür allein die benutzten Notenwerte als Anhalt gedient; nach und nach ergänzten italienische Worte, die den Charakter oder den Affekt einer Musik angeben sollten, das Tempoverständnis. Diese Kennzeichnungskombination geriet zwischen die Mühlsteine von überliefertem, selbstverständlichem Wissen einerseits und dem wachsenden wissenschaftlichen Drang nach meßbarer Festlegung in Zahlen, Maßen, Dauern andererseits (Ende des 18. Jahrhunderts).

5. Johann Nepomuk Maelzel stellt sein Metronom vor (1814): Die Tempobestimmung ist bezogen auf die Sekunden der Uhr – das Uhrendenken hat die Musik unterworfen.

Die besonderen Schwierigkeiten beim Eindringen des Uhrendenkens in die Musik und bei seiner praktischen Umsetzung scheinen darin bestanden zu haben, zwei besondere Charakteristika der Musik zuverlässig und reproduzierbar darzustellen:

a) die gleichmäßige Aufeinanderfolge von Werten im Sinne der Schläge einer Uhr;

b) die Unterbringung von unterschiedlichen Werten (Längen und Kürzen) in einem festgelegten Zeitabschnitt – also der *Takt*.

Zur Bewältigung dieser Schwierigkeiten dienten zu verschiedenen Zeiten unterschiedliche Hilfsmittel: Versmaß, Tanz, Glocken, Schritte, Pulsschlag, Taktschläger und Dirigenten, Pendel, Chronometer und schließlich das Metronom.

Achthundert Jahre dauerte dieser Prozeß – er dürfte für die Musik ebenso beschwerlich gewesen sein wie im Alltagsleben die Unterwerfung unter das Diktat der Stunden und Minuten.

a) Tänze

Wie sich vor der Erfindung der Notenschrift für Sänger und Rezitatoren der Rhythmus und das Gefälle einer Musik aus dem zugrundeliegenden Text ergaben, so entstand der Charakter unterschiedlicher Tänze aus den für sie bezeichnenden Bewegungen und Schrittkombinationen. Wie die Melodien und ihre Akzentuierungen – ohne Notenschrift – vom Lehrer an den Schüler oder von der älteren an die jüngere Generation weitergegeben wurden, so lernte man vom Tanzmeister, welche Bewegungen auszuführen waren.

Das auf diesem Wege vermittelte Wissen war zuverlässig und verwendbar, ohne daß dafür schriftliche Unterlagen notwendig gewesen wären. In allen Kulturen wurde und wird auf dieser Grundlage getanzt – auch bei uns heute im Ballettunterricht und in Kursen für Gesellschaftstanz. Die einzige Bedingung für das Gelingen ist die Fähigkeit, Musik wiederzuerkennen und im Gedächtnis zu behalten, was mit aufgeschriebenen Noten für die jeweiligen Tanzmelodien nichts zu tun hat; des Schreibens und Lesens Unkundige können auf dem Feld des Tanzes sogar besonders reüssieren, und das gleiche gilt für Kinder, Tanzbären oder gewisse Fische.

Neben dem musikalischen Gedächtnis bedarf es allerdings auch eines Bewegungsgedächtnisses. Man muß wissen, ob die Musik zu einem Schreit- oder einem Springtanz, zum Hüpfen oder zum Gehen auffordert. Dieses Wissen erwächst ausschließlich aus der Praxis, aus dem Tanzen selber. Wenn ein Tanz aus der Mode kommt, nicht mehr praktiziert wird, weiß bald niemand mehr, wie die Musik zu spielen ist und welche Schritte und Bewegungen ausgeführt werden müssen. Ein solches Unwissen herrscht heute hinsichtlich vieler historischer Tänze – eine Ausnahme bildet der Walzer, der noch getanzt wird.

Tänze der Renaissance, des Barock und der Klassik gibt es zwar noch als reine Musikstücke, für Instrumente aufgeschrieben, doch stehen wir ziemlich hilflos vor den Fragen des Tempos und der Akzentuierung, weil wir nicht wissen, welche Schritte, Sprünge, Hüpfer im Verlauf des Tanzes gemacht wurden. Aus dem Notenbild sind sie nicht zu rekonstruieren, und die Finger der Instrumentalisten geben wohl falsche Auskunft, weil sie behender laufen können als die Füße eines Tänzers. Wir müssen wieder historische Tänze tanzen lernen, um die Suiten von J. S. Bach oder Rameau und viele Musikstücke, die nach Tänzen[21] gebildet sind, authentisch spielen zu können.

Einige prinzipielle Kenntnisse zur Akzentuierung und zum Tempo von historischen Tänzen – Courante, Allemande, Gaillarde, Pavane, Bourré, Menuett, um nur einige zu nennen – existieren allerdings doch. Aus den Aufzeichnungen der Schrittfolgen läßt sich als Wichtigstes entnehmen, daß *Schritt* oder *pas* immer den vollständigen Bewegungsablauf beider Füße betraf: Entweder begann man mit dem linken Fuß, setzte ihn nach vorn, zurück oder zur Seite und zog den rechten Fuß heran, oder man nahm zuerst den rechten Fuß und zog den linken heran. Mit dem Abschluß der Bewegung des zweiten Fußes war ein *pas simple*, ein einfacher *Schritt*, vollendet.[22] Wie eine Silbe kein Vers ist, sondern nur ein Bestandteil desselben, so war es ein *Halbschritt*, wenn man nur von einem Fuß auf den anderen wechselte.

Auch bei der Armee bedeutete *Schritt* die Folge von links-rechts, auf dem linken Fuß fängt wieder der nächste *Schritt* an. In diesem Marschschritt ist sogar eine Akzentuierung enthalten, nämlich die Betonung auf links, während der rechte Fuß leichteres Gewicht hat. Das läßt sich in dem Soldatenvers erkennen:

Links – links – links – – –
wenn der Hauptmann kommt, dann stinkts.

Beim Tanzschritt ist die Akzentuierung noch prägnanter: Auf dem Fuß, der zuerst aufgesetzt wird, liegt die Hauptbetonung, während das Heranstellen des anderen Fußes häufig, zum Beispiel bei den italienischen Tanzlehrern des 15. Jahrhunderts, mit einem Erheben des Körpers verbunden ist.[23] Noch größer wird der Unterschied, wenn Hüpfer oder Sprünge auszuführen sind.

Das Charakteristikum des Tanzschritts zeigt sich in allen Tänzen: Er enthält zwei Elemente, die unterschiedlich akzentuiert sind nach dem Muster *schwer–leicht*, das sich auch in der Skandierung von Versen wiederfindet.

Etwas wesentlich anderes ist die Fortbewegung mit gleichgewichtigen Schritten: Das ist kein *Tanzen*, das ist *Gehen* – in der Musik *andante* (deutsch: *gehend*). Dabei ist *gehen, andare* nicht zu verwechseln mit *marschieren*, denn letzteres hat, wie erwähnt, seine Akzentuierungen. Die Aufforderung *allegro* (lustig) hat im Zusammenhang mit Bewegungen einfach die Bedeutung von *hüpfen*, es gilt also, sich akzentuiert zu bewegen und nicht zu *gehen*, denn sonst hieße es *andante*.

Um dem Tempo historischer Tänze auf die Spur zu kommen, sollte das Studium der Tanzbewegungen immer durch eine Modekunde ergänzt werden: Bei den meist höfischen Tänzen waren die Kleider ungemein ausladend und schwer, und die Herren trugen Schuhe, die bisweilen 60 cm maßen. Würde, Anmut und Contenance waren die geschätzten Verhaltensweisen, die gewiß ein weitaus gemäßigteres Tanztempo zur Folge hatten, als wir es uns in unserer sportlich beeinflußten Welt vorzustellen vermögen.

Uns ist das aus der Praxis gewonnene Bewegungswissen verlorengegangen, das als Fundament für einen großen Bereich der Musik betrachtet werden muß, die auch heute noch gespielt wird. Das Fehlen dieses untheoretischen Wissens beschert uns viele, viele Falschinterpretationen[24].

Branle de la Serviette – Bal à la Cour du Roi Yon de Gascogne (15. Jhd.)
(Original: Bibliothèque de l'Arsénal, Paris)

b) Glocken und Pendel

Es muß wohl schwer gewesen sein, beim Musizieren einen gleichmäßigen Ablauf von Zeiteinheiten – den *tact* – zu lernen, und noch schwerer war es womöglich, diese kleinen Zeitabschnitte mit unterschiedlich langen Tönen auszufüllen – die Mensur. Man suchte nach Orientierungshilfen im Täglichen, zum Beispiel bei Uhren oder Glocken.

1532 gab Hans Gerle in seiner »Musica teutsch. Ein Prob, wie Du die Mensur sollst lernen« folgenden Rat:

»Tu ihm also, lerns von einer Schlagglocken, die die Stunde anzeigt. Wenn sie anhebt zu schlagen, so schlägt sie einen steten Schlag, eins als lang als den anderen. Hast aber dann noch einmal mehr Silben (eins, zwei, drei) zu zählen, dann das andermal, und bleibt doch die Glock in ihrem steten Schlag. Du zählst wieviel Silben Du wöllest. Also tu ihm auch, wenn Du geigst, so tritt die Mensur mit dem Fuß, ein Tritt als lang als den anderen, es kommen drei oder vier Buchstaben in der Tabulatur, die auf einen Schlag gehören, die mußt Du geigen und doch nur ein Tritt dazu tun, nit soviel Tritt tun soviel Du Züg [Bogenstriche] Hast.«[25]

Erst etwa 150 Jahre später begann man, eigens für die Musikbeflissenen Hilfsmittel zu konstruieren, und zwar zunächst Pendel. Wie Galilei die Gleichmäßigkeit des Pendelschlages als nützlich für die Zeitmessung erkannt hatte, so bauten nun französische Techniker und Musiker Pendel für den Gebrauch in der Musik. Sie waren sehr einfach konstruiert:

»Ein kleines Kügelchen aus Blei, Stein oder Backstein... an einem Seidenfaden hängend, mit einem Nagel an einer Stelle befestigt, wo die Kugel Platz hat, in einer durchgehenden Linie hin und her zu schwingen...«[26]

Mit diesen Pendeln sollten die Musikschüler das Taktieren üben:

»Man muß dieses Pendel also in Bewegung versetzen und ihm mit der Hand von einem Punkt zum anderen genau folgen, wobei man laut spricht EINS, wenn die Hand bei Punkt A ankommt, und ZWEI, wenn die Hand bei Punkt B ankommt. Man darf nicht versäumen, bei jeder Vibration des Pendels laut EINS und ZWEI zu sagen, denn da seine Bewegung immer gleich ist, gewöhnt man sich viel leichter an diese Gleichmäßigkeit...«[27]

Wenn der Musikschüler dieser Gebrauchsanweisung für das Pendel folgte, dann lernte er nicht nur die Gleichmäßigkeit der Vibration kennen, sondern ihm prägte sich auch ein, daß die Bewegung des Pendels von A nach B und zurück nach A verläuft, es also in die Ausgangsposition zurückkehrt. Sie ist damit nicht als Halb-, sondern als Ganzschwingung zu verstehen. Und indem der Übende zum Weg des Pendels EINS–ZWEI sagt, prägt sich ihm ein, daß zu einer einzigen Vibration zwei Wegteile gehören, das Hin und das Zurück.

Das erste[28] Pendel für den Gebrauch in der Musik baute Etienne Loulié im Jahr 1696. Er nannte es *Chronomètre*. Es war abgebildet in seinem Traktat[29] (Seite 30).

Kurz darauf, im Jahre 1701, konstruierte der Mathematiker Joseph Sauveur, aufbauend auf den Erkenntnissen von Loulié[30], ein Pendel mit einer feineren Skaleneinteilung.

Fast gleichzeitig veröffentlichte Michel l'Affillard[31] seine »Principes très faciles pour bien apprendre la musique« (1705), mit neuen Anweisungen zum Gebrauch des Pendels.

In der Folgezeit entstanden Pendelkonstruktionen und die zugehörigen Theorien von Louis-Léon Pajot, Comte D'Onsen-Bray (Onzembray) 1732, Jaques-Alexandre de la Chapelle 1736, Henri Louis Choquel 1762 – um nur einige zu nennen[32].

Während bei Onzembray im Mittelpunkt seines Interesses die Gesangsstücke, die *airs*, standen, lieferte l'Affillard in seinem Lehrbuch zum Selbstunterricht Anleitungen für die Benutzung des Pendels bei Tänzen.

Es fragt sich, warum für Tänze, die allgemein bekannt waren und getanzt wurden, überhaupt Tempofestlegungen für

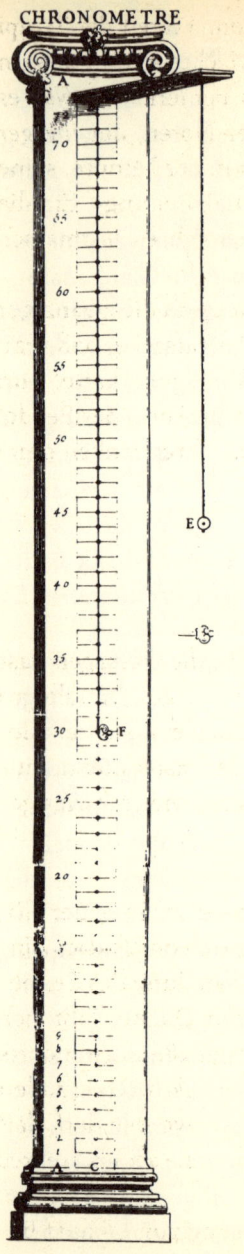

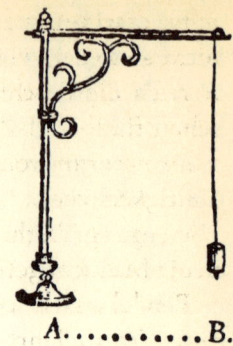

A . . . . B.

Louliés »Chronomètre«

nötig erachtet und aufgeschrieben wurden. Waren die Tempi nicht so sicher, wie wir heute meinen? Machte sich in diesem Bereich die Beschleunigung des Lebens bemerkbar? War es schon fühlbar, daß der absolute Wert der Noten, der *integer valor notarum* von 60 bis 80 Semibreven in der Minute, seine Gültigkeit verlor? Hatte die große »Initialzündung« für die »Bewegung überhaupt«[33] (Sloterdijk) bereits ihren Vormarsch in die Musik angetreten?

Pendel waren recht beliebt und wurden bis in die zwanziger Jahre des 19. Jahrhunderts verwendet. Die Tatsache, daß man endlich auch in der Musik eine *Uhr* zur Verfügung hatte, kam dem Zeitverständnis der Epoche entgegen. In Form der Pendel mit ihrer feinen Skaleneinteilung war das Uhrendenken ohne Zweifel weit in die Musik eingedrungen.

c) Der Pulsschlag als Maß

> »In früheren Zeiten wurden sehr schnelle Passagen fast zweimal so langsam gespielt als heutzutage. Ihr allegro assai, presto, furioso usw. war kaum schneller als unser allegretto. Die vielen schnellen Stellen in der Instrumentalmusik älterer deutscher Komponisten sahen viel schwieriger aus, als sie tatsächlich waren.«

Das schrieb Johann Joachim Quantz (1697–1773) in seiner Flötenschule[34] im Jahr 1752, also zu Lebzeiten von Baxter, Zinzendorf und Franklin und mitten in der Wandlung des Zeitbewußtseins in Europa. Aus den Sätzen von Quantz läßt sich schließen, daß bereits in der ersten Hälfte des 18. Jahrhunderts eine Verdoppelung des Tempos in der Musik stattgefunden hatte. 1750 starb J. S. Bach, so daß vermutet werden darf, daß die Bemerkung von Quantz auch auf große Teile seines Werkes zutrifft.

Fünfundzwanzig Jahre nach der Äußerung von Quantz beklagte sich W. A. Mozart über zu hohe Spielgeschwindigkeiten. Am 17. Januar 1778 schrieb er an seinen Vater:

»... vor dem Tische hat er [Abbé Vogler] mein Concert... Prima vista- herabgehudelt. das erste stuck gieng Prestißimo das Andante allegro und das Rondo wahrlich Prestißißimo. den Baß spielte er meistens anderst als es stund, und bisweilen machte er ganz eine andere Harmonie und auch Melodie. es ist auch nicht anderst möglich, in der geschwindickeit. die augen können es nicht sehen, und die hände nicht greifen. ja was ist den das? – so ein Prima vista spiellen, und scheissen ist bey mir einerley. die zuhörer / ich meyne diejenigen, die würdig sind so genannt zu werden / können nichts sagen, als daß sie Musique und Clavier spielen – gesehen haben. sie hören, dencken – und empfinden so wenig dabey – als er. sie können sich leicht vorstellen das es nicht zum ausstehen war, weil ich es nicht gerathen konnte ihm zu sagen, viell zu geschwind. übrigens ist es auch viell leichter eine sache geschwind, als langsam zu spielln. man kann in Pasagen etliche Noten im stich lassen, ohne daß es jemand merckt; ist es aber schön? – man kann in der geschwindigkeit mit der rechten und linken hand verändern, ohn das es jemand sieht und hört: ist es aber schön?«

Fünfzig Jahre nach Erscheinen der Flötenschule von Quantz, nämlich 1802, bemerkte Daniel Gottlob Türk (1750–1813) in der zweiten Auflage seiner Klavierschule[35], daß vor fünfzig oder mehr Jahren eine mit *allegro* bezeichnete Komposition ein weit gemäßigteres Tempo gehabt habe als ein aus Türks Zeit stammendes Allegro.

J. G. E. Stöckel[36], der Erfinder eines Chronometers, veranschlagte dieses neuerliche Anziehen der Spieltempi auf wiederum ein Drittel. Damit vergrößert sich der Abstand zu den Aufführungspraktiken des Jahrhundertanfangs, also zum Werk J. S. Bachs, noch einmal beträchtlich.

Es war sozusagen höchste Zeit, sich mit der Frage des Spieltempos in der Musik grundsätzlich zu beschäftigen. Das hatte bereits Quantz getan. Er bezog sich auf die dem Menschen innewohnende Uhr, den Pulsschlag:

»Man nehme den Pulsschlag, wie er nach der Mittagsmahlzeit bis Abends, und zwar wie er bey einem lustigen und aufgeräumten, doch dabey etwas hitzigen und flüchtigen Menschen, oder, wenn es so zu reden erlaubt ist, bey einem Menschen von cholerisch-sanguinischem Temperamente geht, zum Grunde: so wird man den rechten getroffen haben . . . Ein niedergeschlagener, oder trauriger, oder kaltsinniger und träger Mensch, könnte allenfalls bey einem jeden Stück das Zeitmaß etwas lebhafter fassen, als sein Puls geht. Ist dieses nicht hinreichend, so will ich noch was genaueres bestimmen. Man setze denjenigen Puls, welcher in einer Minute ohngefähr achtzigmal schlägt.«[37]

Die Unsicherheit und Verwirrung hinsichtlich der Spieltempi war in erster Linie durch die italienischen Beiwörter entstanden. Worte wie *allegro* (lustig), *adagio* (bequem), *moderato* (mäßig), *largo* (breit), die ursprünglich den Stücken beigegeben wurden, um den Charakter oder den Affekt der Musik näher zu bestimmen, verloren zum Ende des Jahrhunderts ihre Ausdrucksbedeutung und blieben als reine Tempobezeichnungen übrig – wie wir sie heute noch kennen. Das absolute Tempo dieser italienischen Bezeichnungen war jedoch in solchem Maße unbestimmt, daß es dringend nötig wurde, feste Werte für sie zu finden.

Quantz entschied sich zu folgender Maßgabe:

»Im gemeinen geraden Tacte:
In einem Allegro assai, auf jeden halben Tact, die Zeit eines Pulsschlages;
In einem Allegretto, auf ein jedes Viertheil, ein Pulsschlag;
In einem Adagio cantabile, auf ein jedes Achtheil ein Pulsschlag;

Und in einem Adagio assai, auf jedes Achtheil zweene Puls-schläge. «

Abgesehen von dem Problem, daß die Zahl 80 als Pulsfrequenz möglicherweise zu hoch angesetzt ist, hat Quantz immerhin ein System geschaffen, in dem die Tempi zueinander in Beziehung stehen. Allerdings taucht bereits hier die Frage der Ausführbarkeit solcher Tempi auf. Talsma schreibt dazu 1980: »Wir wollen nicht die vielen Veröffentlichungen anführen, in denen – nicht zu Unrecht – Zweifel an diesem sehr schnellen Tempo [für Allegretto und Allegro assai] geäußert worden sind, und ebensowenig die ›Argumente‹ wiederholen, mit denen man die Angaben von Quantz beiseite geschoben und relativiert hat. Dennoch ist ein zwar undeutliches, jedoch gefährliches Postulat entstanden, daß nämlich ›die alte Musik‹ doch wohl äußerst schnell gespielt worden sein müsse, so daß immer wieder versucht wird, derart extreme Tempi zu erreichen – ohne Erfolg freilich, aber mit verheerenden ›musikalischen‹ Resultaten. «[38]

Die »verheerenden musikalischen Resultate« sind spieltechnische mechanische Motorik bei gleichzeitiger inhaltlicher Leere.

Talsma schlägt einen Ausweg aus diesem Dilemma vor: In den sogenannten schnellen Sätzen – bei Quantz Allegro assai und Allegretto – sind die Pulsschläge als Halbschläge zu verstehen; innerhalb der halben und der Viertelnote muß, wie beim Taktschlagen, ein Auf- und Niederschlag angenommen werden. Das ergibt zwei Pulsschläge in der halben und der Viertelnote, also das halbe Tempo. Und dann entsteht wieder musikalischer Sinn.

d) Taktschlagen und dirigieren

Der Dirigent am Ende des 20. Jahrhunderts ist ein Taktstock-
virtuose. Für seine Vorfahren läßt sich Ähnliches nicht sagen.

Ein Bericht aus dem Jahre 1712, also entstanden zu Lebzeiten von J. S. Bach[39]:

»›Von dem modo oder Art und Manier zu tactieren‹: An et-
lichen Orten haben die Organisten / wann sie informiren ein
höltzern Gestelle / vnd in demselben einen hölzernen Arm /
diesen tretten sie mit dem Fuss auf und nieder / dabey ich mich
dann fast kranck lach müssen. Andere tappen mit dem Fuss
wider den Boden / dass es pufft / und es mit grossem Aerger-
niss durch die gantze Kirche schallt. Vnd wann derer etliche
zusammen tappen / klingt es nicht viel anders / als ein knap-
pender Weber-Stuhl / darinnen Meister Michel Teppicht
würcket. Andere tactiren mit dem Kopffe / und wann du von
ferne stehest / und sie heimlich fragest: Bist du nicht / ein
Mausskopff? sprechen sie immer: Ja / ja / ja / ja. Andere
nehmen zusammen gerolltes Papier in die Fäuste / und ver-
gleichen sich also mit denen Kriegs Generalen / die mit dem
Regiments-Stabe ihre esquadronen commandiren. Etliche führen den tact mit einer / etliche mit beyden Händen / und stellen sich nicht viel anders / wie Attavan zu Regenspurg / da er
auf der Heyde gleich dem Vogel Phoenix vom Thurm fahren
wollen. Andere gebrauchen sich eines langen Steckens oder
Stragels / ohne Zweifel vermittelst desselben die unachtsamen
Jungen auf den Scheidel zu schmeissen, wie dann das Bayeri-
sche Lied lautet:

> Ainer hat ainen Stecken ghabt /
> so bald sich a Bue verschnagelt hat /
> da hat ern übern Scheddel gschlogn /
> dass sich da Stecka hat zama bogn.«

Hier haben wir es gewiß nicht mit einem Taktstockvirtuosen zu tun, sondern mit einem Taktschläger. Er hielt das Ensemble der Musiker zusammen, indem er ihnen den Takt angab. Noch weitere 100 Jahre lang war es üblich, daß ein *Anführer* dem Chor, dem Orchester oder dem ganzen Opernensemble den Takt schlug.

Bei der Uraufführung der 9. SINFONIE von Beethoven gab es sogar drei Dirigenten:

»Hr. Schuppanzigh dirigierte an der Violine, Hr. Kapellmeister Umlauf führte den Commandostab, und der Tonsetzer selbst nahm an der Leitung des Ganzen Antheil: er stand nämlich dem amtirenden Marschall zur Seite, und fixirte den Eintritt eines jeden Tempo, in seiner Original-Partitur nachlesend, denn einen höheren Genuß gestattet ihm leider der Zustand seiner Gehörwerkzeuge nicht.«[40] Im Jahre 1824, zum Zeitpunkt der Uraufführung der 9. Symphonie, litt Beethoven bereits seit fast zehn Jahren unter seiner nachlassenden Hörfähigkeit.

Noch C. M. von Weber schlug bei seinem ersten Konzert in London mit einer Papierrolle den Takt. Später versetzte er Publikum und Musiker sehr in Erstaunen, als er 1817 in Dresden den modernen Dirigentenstab einführte.

Die taktschlagenden *Anführer* des Orchesters standen in einer langen Tradition, die ihren Ausgangspunkt im antiken Griechenland hatte. Nach der Überlieferung griechischer Schriftsteller waren die Chorführer die Leiter von Musik und Tanz; sie waren verantwortlich für das gute Zusammenwirken bei Tragödien und Satyrspielen, bei Umzügen und beim Tempelkult. Sie taktierten, indem sie laut mit dem Fuß aufstampften, und damit die Taktschläge weithin hörbar waren, beschlugen sie ihr Schuhwerk mit eisernen Sohlen. Es war ein lärmendes Taktieren, bei dem Niederschlag (Thesis) und Aufschlag (Arsis) genau unterschieden waren. Die Grundzüge dieser Direktion sind für die Geschichte des Dirigierens von großer Bedeutung geworden. Sie bildeten in der Zeit der Mensuralmusik den Ausgangspunkt für die Lehre vom Taktschlagen und blieben bis ins 17. Jahrhundert hinein in ihrer ursprünglichen Form gültig – und es wurden die griechischen Worte für schwere Taktzeiten, Thesis, und für unbetonte, Arsis, beibehalten.

Im christlichen Bereich hießen die Chorführer oder Taktschläger *Kantoren*, die neben dem Grundton für den Gesang auch den Takt angaben, und zwar entweder mit dem Fuß, mit auf- und niedergeführter Hand oder mit einem Taktstock. Schon aus dem 11. Jahrhundert wird berichtet, daß der Kantor im Chor einen Stab in der linken Hand hält, zum Zeichen, daß ihm die Sänger unterstellt sind. Beim Dirigieren hält er den Stock in der Rechten hoch, damit alle hinsehen. Diese Art zu dirigieren ist auf vielen alten Gemälden festgehalten. Häufig waren die Taktstäbe aus Gold oder Silber und galten als Abzeichen der Kantoren. Heute sind Taktstöcke eher schlicht und für relativ wenig Geld zu haben. Für Spontini (1774–1851) hingegen, der 1820 an die Spitze der Berliner Oper berufen wurde, war der Taktstock eine Insignie der Macht[41]:

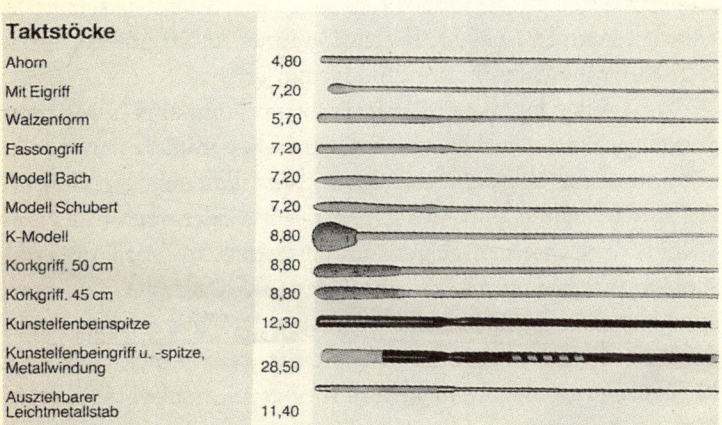

Taktstöcke		
Ahorn	4,80	
Mit Eigriff	7,20	
Walzenform	5,70	
Fassongriff	7,20	
Modell Bach	7,20	
Modell Schubert	7,20	
K-Modell	8,80	
Korkgriff. 50 cm	8,80	
Korkgriff. 45 cm	8,80	
Kunstelfenbeinspitze	12,30	
Kunstelfenbeingriff u. -spitze, Metallwindung	28,50	
Ausziehbarer Leichtmetallstab	11,40	

»Unter Spontinis musikalischem Régime wurde die Berliner Kapelle ein Werkzeug, das so lange geölt wurde, bis die Räder ohne jede Unregelmäßigkeit liefen und schnurrten. Der Napoleonide herrschte wie ein General über seine Musiker. Wenn er im ›dunkelmoosgrünen Frack‹, die Brust mit einer Reihe ganz kleiner Orden geschmückt, in aristokratischer Haltung schnell ins Orchester trat, saßen die Musiker ›regungslos, alle Bogen über den Saiten, alle Mundstücke an den Lippen‹. Konzertmeister Möser klopfte mit dem Violinbogen an den blechernen Lampendeckel seines Pultes, um anzudeuten, daß alle bereit seien. Nach diesem Signal faßte Spontini seinen massiven Taktstock, der von dickem Ebenholz, mit Griff und Spitze aus Elfenbein gearbeitet war, in der Mitte und begann, mit seinem Marschallstab zu taktieren. Seine ›energischen, präzisen, beinahe eckigen und doch graziösen Contouren des rechten Armes und seiner die Battuta schwingenden Hand‹ zeigten ›die selbe gebieterische Haltung der ganzen wie in Bronze gegossenen Figur‹. Sein Blick traf bald rechts, bald links einen Musiker, ohne auch nur einen Moment die ›majestätische Ruhe des olympischen Hauptes‹ zu stören. Trotz seiner Kurzsichtigkeit beherrschte er Szene und Orchester mit einem Blick, nicht die kleinste Unregelmäßigkeit konnte ihm entgehen. ›Mein linkes Auge ist erste Violin, mein rechtes zweite Violin‹, sagte er in gebrochenem Deutsch zu Richard Wagner. Er faszinierte durch sein Auftreten Musiker und Sänger.«

Das Taktschlagen wird erst da nötig, wo mehrere Musiker gemeinsam singen oder spielen. Auf alten Bildern kann man erkennen, daß bei kleinen Gruppen bisweilen eins der Mitglieder mit winzigen Bewegungen der Hand oder auch nur eines Fingers dirigiert; denn eigentlich sollte der Zuhörer vom Taktschlagen nichts hören. Darum war es auch verpönt, daß Solisten mit dem Fuß den Takt mittraten. Noch 1782 gab es für Stadtmusici die Warnung: »nicht beim Taktieren so auftreten und stampfen, daß man glauben möchte, man wäre in einer Papiermühle, oder Hammerwerke.«[42]

Ein anderer Kommentar zu dem Taktierlärm liest sich folgendermaßen[43]: »Fünf, sechs, oder sieben Bauernknechte, ... treffen mit ihren Drischeln in der Scheune den Tact so genau, daß sie oft nicht ohne Ursache, in Kirchen oder bey andern Musiken sich über das einfältige Tactschlagen aufhalten und heimlich lachen. Es ist nichts ungereimter, als wenn man [beim Taktschlagen] mit dem Fuße stampft, daß der Fußboden bebt.«

Andererseits sollte das Taktieren nicht lächerlich ausse-hen[44]: »Auch sind heftige und abentheurliche Gebärden gänzlich zu vermeiden, unter anderen, wenn man mit der Hand bald hoch in die Luft, bald bis unter den Fußboden fährt, bald auch in der Perucke, daß sie sich um den Kopf herum drehet, oder auch mit dem Körper zugleich auf und nieder und gleichsam in der Luft herum schwebet, oder wohl gar gräßliche Gesichter dazu schneidet, und zuweilen laut zu schreyen anfängt.«

Die Geschichte des *Taktschlagens* geht auf die Zeit der Mensuralmusik zurück, wo etwa 1550 in Straßburg der Begriff *tactus* zum erstenmal auftaucht, und zwar zur Kennzeichnung des gleichmäßigen Niederschlagens und Wiederhochführens der Hand beim Dirigieren einer Musik. »...der ander Engel [der Straßburger Uhr] hat ein Scepter, damit er zur Glocken schlägt.«[45] Das Wort *tactus* kommt vom lateinischen Verb *tangere* (berühren) und hatte zunächst keine andere Bedeutung als die des Taktschlagens mit dem Aufklopfen des Dirigierstabes beim Niederführen. Die Gruppierung von unterschiedlichen Notenwerten in durch (Takt-)Striche getrennte Abschnitte bezeichnete man als *Mensur*. Erst um die Mitte des 18. Jahrhunderts wurden *Schlag* und *Mensur* zu der Kategorie *Takt* zusammengefaßt; seitdem hat das Wort *Takt* die Bedeutung, in der wir es heute noch verwenden.

Das Taktschlagen war übrigens nicht die einzige Art, eine Musik zu leiten. Vor der Erfindung der Notenschrift gab es die Aufzeichnung der Melodienbögen in Grafiken, den sogenannten Neumen. Sie wurden vom Chordirektor mit der Hand in der Luft nachgezeichnet; sie sollten das Gedächtnis der Sänger stützen, hatten aber nur Wirkung bei Gesängen, die den Ausführenden bekannt waren. *Ondeggiare* – wellengleich die Hand durch die Luft bewegen – nannte man diese Art des Dirigierens. »Oft unbewußt und unwillkürlich hob sich die Hand des Lehrers und malte in feinen Linien die graziöse Bewegung der Melodie«[46], erzählt einer der Sänger der Schola cantorum in Rom.

Als sich später, in der Zeit der Mensuralmusik, die Musik auf ein festes Metrum bezog, wich diese Methode des Dirigierens dem Taktschlagen. Das Taktschlagen wiederum verlor an Bedeutung angesichts einer Musik, die sich nicht mehr straff an ein zugrundeliegendes Metrum halten wollte, weil sie einen prosaähnlichen Verlauf anstrebte: Seit der Mitte des vorigen Jahrhunderts wurde das Dirigieren über das simple Auf–Ab hinaus um seitliche Bewegungen erweitert, und es entwickelten sich jene Schlagformen für Dreier- und Vierertakte, die bis heute geschlagen werden.

Nach Adorno bleibt die »schlagende Bewegung« der Dirigenten jedoch immer eine »imago von Macht«[47].

e) J. G. E. Stöckels Chronometer

Weder die Pendel noch die von Quantz empfohlene Orientierung am Pulsschlag waren beim Musizieren sonderlich praktisch. Wie will man, wenn man ein Instrument spielt, gleichzeitig den Puls nach dem Tempo befragen – dazu hat man zuwenig Hände, und das Verfahren wäre also allenfalls für Sänger praktikabel. Und die Schwingung eines Pendels muß man sehen – unmöglich, wenn man zugleich Noten lesen will. Da kam der Kantor J. G. E. Stöckel in Burg bei Magdeburg auf den richtigen Gedanken, daß man das Taktschlagen sollte hören können wie das Klopfen der *Anführer* der Orchester.

Und so baute Stöckel einen *Chronometer*, der läutete. Er stellte ihn im Jahre 1800 der musikalischen Welt vor:

»Dem äußeren und innern Baue nach, ist die Maschine einer Uhr mittlerer Größe ähnlich und hat messingne Räder. Man stellt sie am besten auf ein 4 bis 4½ Fuß hohes freystehendes Postament oder Stativ, um sie auch sitzend bequem zu gebrauchen; jedoch kann man auch für dieselbe jeden schicklichen und zum Gebrauche bequemen Ort wählen. (Z. B. könnte man sie an eine Wand, ohne Postament lothrecht befestigen. Allein ich halte dies in den meisten Fällen für zu unbequem.) In dem Postamente, welches lothrecht stehen muß, hängt alsdann das erforderliche Gewicht von 4 bis 5 Pf., und ein Pendul herab. Auf dem Zifferblatte siehet man die Zahlen von 0, 1, 2, u.s.f. bis 84. Verlangt man die langsamste Zeit, die der Chronometer beschreibt, zu hören, so führet man den Zeiger auf 0, drehet Einen von den oben auf dem Werke befindlichen 2 Aermen an, und man höret sodann diese Zeit, durch den Anschlag eines Hammers an eine Glocke, sehr deutlich beschrieben. Durch das Fortrücken des Zeigers von Zahl zu Zahl, vergrößern sich die Geschwindigkeit der Bewegung und jede Zahl, die der Zeiger bis zu 84 hin, berührt, bestimmt alsdann den Grad derselben.

So stark die Anzahl der hierdurch beschriebenen Zeiten ist, kann man doch eine jede derselben noch einmal so geschwind durch zwei Hämmer beschrieben hören, wenn man den 2ten, zu dem Zwecke oben auf dem Werke befindlichen Arm andrehet.

Man siehet bey einem verschlossenen Postamente, auf welchem das Werk ruhet, weder Gewicht noch Pendul, und man kann das Aeußere desselben nach Gefallen verzieren.«[48]

Diese Uhr konnte zwei bis drei Stunden laufen, bevor sie wieder aufgezogen werden mußte. Der Subscriptions-Preis betrug »6 Thaler«. In der »Allgemeinen Musikalischen Zeitung« vom 3. Oktober 1800 stand zu lesen:

»›Wir Unterzeichnete haben den Zeitmesser des Hrn. Stöckel genau geprüft, und empfehlen dies Instrument um so lieber, je mehr wir überzeugt worden sind, dass es alles, was man seiner Bestimmung nach von ihm erwarten kann, vollkommen leiste.‹[49]
Kapellmeister Reichardt.
Musikdirektor Türk.
Hofrat Spazier.
Kantor und Musikdirektor A. E. Müller.
Friedrich Rochlitz.«

f) Johann Nepomuk Maelzel und das Metronom

Im Vergleich zu allen Methoden oder Apparaten, die den Zweck hatten, das Tempo in der Musik zu messen, bot das Metronom, das Johann Nepomuk Maelzel im Jahre 1814 der musikalischen Welt vorstellte, eine enorme Verbesserung: Sein Meßsystem war konform mit der Sekundeneinteilung der Uhr. Mit anderen Worten, das Metronom tickt in einer Minute so oft, wie die Zahl anzeigt, die man auf der Meßskala eingestellt hat. Bei Strich 60 tickt es die Sekunden. Damit sind die Unterschiede des individuellen Pulsschlages oder der persönlichen Schrittgeschwindigkeit eliminiert; beim Metronom gibt es kein besonderes Maßsystem mehr, diese »Maschine, um den Takt zu lernen und ihn zu halten«, ist an die einzige und international gebräuchliche Zeiteinteilung, nämlich die Uhr, angeschlossen. Damit hat das Uhrendenken auch die Musik gänzlich vereinnahmt.

Die Beschreibung eines der ersten Metronome war in der »Allgemeinen Musikalischen Zeitung« vom 18. Juni 1817 zu lesen: »Das Instrument ist in Gestalt einer, ziemlich einen Fuß hohen Pyramide, in gutem Verhältnis, einfach aber auch reicher verziert, und nimmt sich (besonders in elegantern Exemplaren) so artig aus, dass es in jedem Zimmer eine Art Ziermeuble abgeben kann. – Die Spitze der Pyramide läßt sich öffnen. Geschieht dies, so zeigt sich, ausser dem stählernen Pendel, die metronomische Scala – ähnlich der, eines Thermometers – mit Graden und Nummern bezeichnet. Ein kleiner Schlüssel dient zum Aufziehen des Werks, wodurch der Pendel in Bewegung gesetzt wird. Diese Bewegung kann durch einen, an der Spitze der Pyramide befestigten Ring, sobald man will, gehemmt werden. Das Gewicht des Pendels ist zum Verrücken eingerichtet: das Rücken desselben höher hinauf oder tiefer hinab, verursacht, wie sich von selbst versteht, dass die Schwingungen des Pendels langsamer oder schneller vor sich gehen.«

Maelzel veröffentlichte Gebrauchsanweisungen zu seinem

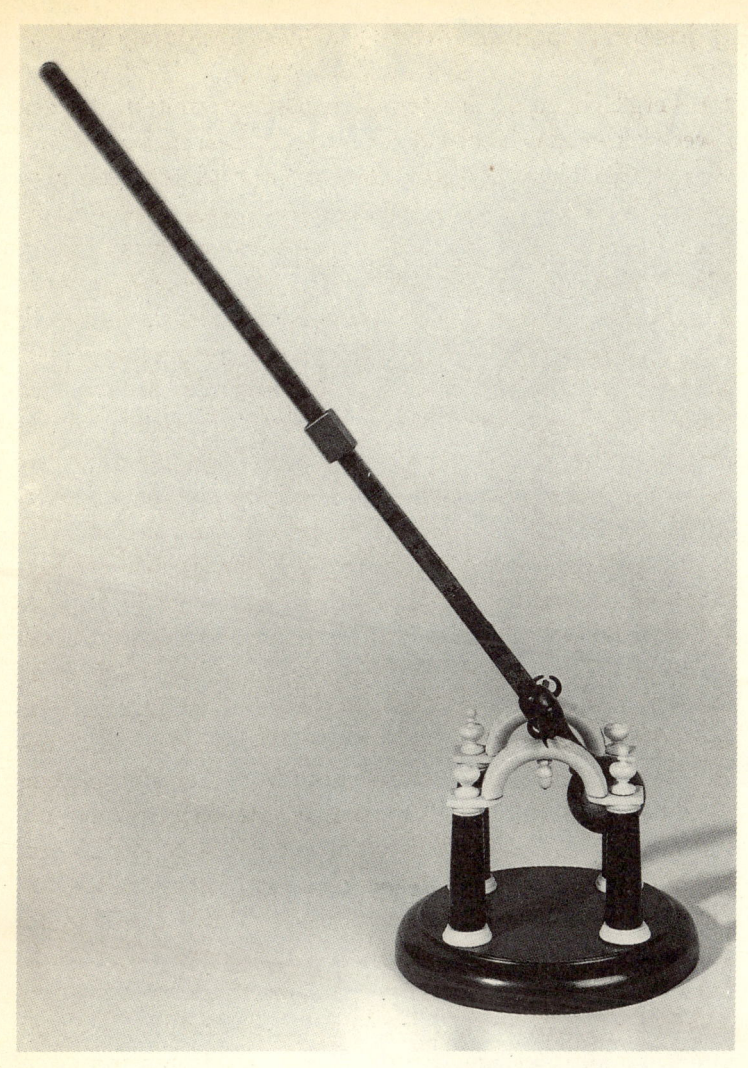

Metronom Firma Maelzel – Paris, London, Brüssel, USA, um 1840
Germanisches Nationalmuseum, Nürnberg

DIRECTIONS

FOR USING

MAELZEL'S METRONOME,

OR

MUSICAL TIME-KEEPER.

———— ————

At the top of the obelisk is a small lid, with a hinge to its back. On lifting this lid, the upper part of the front of the obelisk is pushed forward by a spring, so as to enable its being taken out and put aside; at the same time the steel pendulum, together with the scale behind it, will likewise fly forward into a perpendicular direction, and a small key be found under the upper lid. This key fits a hole contrived about the middle of one of the sides of the obelisk, and with it the clock-work is wound up and the pendulum made to move. Its motion may be stopped at pleasure by a small brass bolt fixed to the top. These preparations made, the directions to be given for using the instrument may be classed under two heads.

————

I. DIRECTIONS TO THE COMPOSER HOW TO FIND AND INDICATE THE TIME INTENDED FOR ANY NEW MOVEMENT.

1. A sliding weight is attached to the rod, or steel pendulum: the higher up this weight is shifted, the slower will be the vibrations, and *vice versa:* so that when the weight corresponds with the number 50, the vibrations will be the slowest possible; at No. 160 they will be the quickest.

2. These numbers have all reference to a minute of time; viz. when the weight is placed at 50, fifty beats or ticks will be obtained in each minute; when at 60, sixty beats in a minute (*i. e.* seconds precisely); when at 100, one hundred beats in a minute: any stop-watch, therefore, will show how far the correctness of the Metronome may be depended on.

3. The Doubles of the numbers on the scale answer to a precisely *double* degree of velocity: Thus, if 50 be the proper number for a minim, 100 is the number for the crotchets *in the same movement;* if 60 serves for crotchets, 120 expresses the quavers *in the same movement,* &c.—The numbers omitted on the scale have been found practically unnecessary.

4. The composer is best able to judge, from the nature of his movement, whether to mark its time by minims, crotchets, quavers, &c. Generally speaking, it will be found, that in *Adagios* it is most convenient to mark the time on the Metronome by quavers, in *Andantes* by crotchets, in *Allegros* by minims, and in *Prestos* by whole bars. As often, however, as the case may admit of so doing, it is desirable that the pendulum should be made to strike integral parts of a bar, just as a master would beat or count the time; *i. e.*

In $\frac{4}{4}$, $\frac{3}{4}$, and $\frac{2}{4}$ time the rod should, whenever possible, beat $\frac{1}{4}$, or one crotchet.

In $\frac{6}{8}$ and $\frac{3}{8}$ time . . . . $\frac{1}{8}$, or one quaver.

5. This being premised, suppose a composer desires to time a movement in $\frac{2}{2}$ time, which, according to the present system, would be called an *Allegro:* Let the weight, by way of trial, be placed against No. 80; and two or three bars of the movement be played, to ascertain whether, at that number, each beat falls in with the degree of quickness desired for one minim or two crotchets. If it beat too slowly, shift the weight downwards, until, by two or three trials, a place (suppose at 84) has been found for the weight, at which the pendulum beats the minim in the precise degree of quickness contemplated for the due performance of the movement: it being well understood, that in this, as in every other case, *each* SINGLE *beat or tick forms a part of the intended time, and is to be counted as such; but not the two beats produced by the motion from one side to the other.*

Metronom in deutscher, englischer [50] und französischer Sprache.

Die deutsche Fassung ist verlorengegangen. Einen Ersatz liefern Artikel in der »Allgemeinen Musikalischen Zeitung«. Die Kernaussage lautet, ganz gleichgültig in welcher Sprache: »Der Komponist hat nichts anderes mehr zu tun, als über sein Stück – wo er früher Allegro usw. geschrieben hat und auch noch weiter schreiben kann – einfach zu notieren ›Maelzels Metronom $\downarrow$ = 84‹.« Die Zahl variiert entsprechend den Tempobezeichnungen allegro, allegretto, andante, adagio und so weiter.

Johann Nepomuk Maelzel war nicht wirklich der Erfinder des Metronoms. Er hat die Erfindung gestohlen. Seine Lebensgeschichte liest sich wie ein Roman. Unter dem Stichwort *Mälzel* findet man im »Musikalischen Conversations Lexikon« von 1870–1879 folgende Biographie des Mannes, dessen Name in aller Munde ist, von dem man aber nichts weiß:

Mälzel oder Mälzl, Johann Nepomuk, geschickter und berühmter deutscher Mechaniker, geboren am 15. Aug. 1772 zu Regensburg, war der Sohn eines Orgelbauers und tüchtigen Mechanikers und wurde von demselben zu denselben Künsten angehalten. M. musste aber gleichzeitig auch eifrig Clavierspiel treiben, galt, 14 Jahre alt, bereits für einen der fertigsten Clavieristen seiner Geburtsstat und ertheilte von 1788 bis 1792 sogar Unterricht auf diesem Instrumente. Im letztgenannten Jahre ging er, um sich in der Mechanik vollends auszubilden, nach Wien und weiterhin nach London und Paris. Damals erfand er das Panharmonicon, ein mechanisches Orchester, in welchem besonders glücklich die Trompeten-, Clarinetten-, Viola- und Violoncellostimmen wiedergegeben erschienen und in Bezug auf Mächtigkeit und Klangschattirung das Ausserordentliche erreicht worden war. Cherubini componirte sogar ein reizvolles Tonstück, ›das Echo‹ betitelt, eigens für diese auch in Paris 1805 öffentlich ausgestellte Maschine, die M. 1807 für 60 000 Francs verkaufte. Schon 1808 hatte er ein neues, vielfach verbessertes Instrument zu Stande gebracht, welches später eine Gesellschaft in Boston für den enormen Preis von 400 000 Dollars erstand. In Wien erfand M. 1808 einen berühmt gewordenen Trompeter-Automaten, für dessen Herstellung ihn der Kaiser von Oesterreich zum Hofkammermaschinisten ernannte. Hierauf ging M. an die Verbesserung des Stöckel'schen Taktmessers und berieth sich während eines Aufenthaltes in Amsterdam im J. 1812 mit dem Mechaniker Winkel, um dieses ihn ohne handgreifliches Resultat beschäftigende Problem endlich zu lösen. Winkel fand den gesuchten Weg, und M. fügte nur die in Grade eingetheilte Scala hinzu, eignete sich aber gleichwohl die neue, Aufsehen erregende Erfindung an und errichtete, überall Patente nehmend, 1816 eine eigene Werkstatt zur Verfertigung von Metronomen in Paris. Winkel setzte die Zeitungen und die niederländische Akademie in Bewegung, um die Priorität seiner Erfindung anerkannt zu sehen, und M. musste schliesslich den Löwenantheil daran seinem Collegen auch ausdrücklich zugestehen. Die Sitzungsberichte in dieser Angelegenheit befinden sich im Archive der königl. Akademie in Amsterdam, und somit ist es eigentlich falsch, wenn man noch immer von M.'s Metronom spricht. Nach diesem kläglichen Fiasco ging M. 1817 wieder nach Wien, fabricirte dort die Metronome weiter und erwarb aus dem Nachlasse des Mechanikers Wolfgang von Kempelen dessen Schachspieler-Automaten, an dem er einige unwesentliche Verbesserungen anbrachte. Ebendaselbst erfand er einen Seiltänzer-Automaten, sein mechanisches Meisterstück. Diese mechanischen Kunstwerke stellte er 1819 in Paris aus, wo man denselben grosses Interesse schenkte. Geradezu Aufsehen erregten sie aber später in London, wo M. mit ihnen bedeutende Summen verdiente, die er nur leider in Gelagen wieder vergeudete. Als der Reiz der Neuheit dieser Ausstellungsobjekte vorüber war, sah sich M. ohne Einnahmen und von Gläubigern hart bedrängt. Den letzteren entweichend, begab er sich 1826 nach Amerika. In New-York, Philadelphia und Boston, wo er sich schliesslich niederliess, machten seine Automaten, die er noch durch einige neue vermehrte, wieder grosses Glück. Anfangs der 1830er Jahre griff M. eine Erfindung auf, welche der Uhrmacher Bienaimé Fournier 1829 in Amiens gemacht hatte, indem er die Metronome mit Glockenwerk zur Markirung der vollen Takttheile versah. M. construirte seitdem diese Maschine in ähnlicher Art und cedirte zuletzt das Eigenthumsrecht dem Mechaniker Wagner in Paris, welcher viele Jahre hindurch grossen Nutzen daraus zog. M. selbst starb zu Anfang Aug. 1838 auf einer Reise von La Guayra nach Philadelphia und hinterliess ausser seinem Ruhm ein bedeutendes Vermögen.

Maelzel war ein Tüftler, wie man erfährt, und wurde für eines seiner Produkte sogar vom Österreichischen Kaiser zum k. und k. Hofmechaniker ernannt, doch verdankt er diese Auszeichnung nicht nur seiner Erfindung, sondern auch dem patriotischen Ereignis, das sich mit ihm verband: Beethoven komponierte für Maelzels Panharmonium, eine künstliche Walzenorgel, das Schlachtentableau WELLINGTON'S SIEG, ODER DIE SCHLACHT BEI VITTORIA, das er später für Orchester umschrieb. Dieses Stück wurde auf Betreiben Maelzels am 8. und 12. Dezember 1813 zum »Vortheile der in der Schlacht bei Hanau invalid gewordenen östereichischen und bayerischen Krieger veranstaltet.«[51]

Die Aufführung wurde mit patriotischem Enthusiasmus gefeiert. Sie begründete, wie Schindler versichert, Beethovens Ruhm in Wien: »Ein Werk wie die Schlacht-Sinfonie mußte kommen, um die noch immer auseinandergehenden Urtheile zu vereinigen und somit den Gegnern jeder Art plötzlich den Mund zu stopfen. Das ist gelungen.«[52]

Außer WELLINGTON'S SIEG wurde auch Beethovens

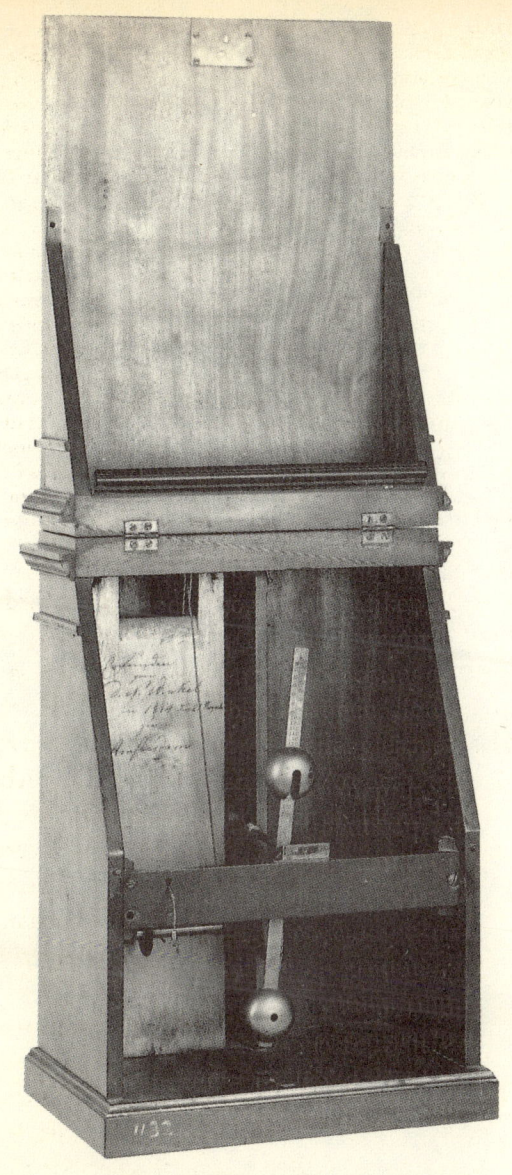

D.N. Winkel, Chronometer (Amsterdam, 1814)
Sammlung Haags Gemeentemuseum, Den Haag

Trompeterautomat von Friedrich Kaufmann, Dresden 1810

8. Symphonie aufgeführt, und als Einlagen gab es zwei Märsche von Dussek und Pleyel für Maelzels mechanischen Feldtrompeter mit Begleitung des ganzen Orchesters.

Beethoven verfaßte ein Dankschreiben, in dem er betonte, wie glücklich er sich schätzte, »unter den gegenwärtigen Zeitumständen auch eine größere Arbeit auf dem Altar des Vaterlandes niederlegen zu können«[53]. Ganz besonders bedankte er sich bei Maelzel als dem Initiatior und Organisator des feierlichen Konzerts.

Maelzel hatte inzwischen sein Metronom in Wien vorgestellt – auch bei Beethoven. Der schrieb gemeinsam mit Salieri einen Artikel in der »Wiener Allgemeinen Zeitung«[54]:

»Maelzels Metronom ist da. Die Nützlichkeit seiner Erfindung wird sich immer mehr bewähren; auch haben alle Autoren Deutschlands, Englands, Frankreichs ihn angenommen; wir haben aber nicht für unnötig erachtet, ihn zufolge unserer Überzeugung auch allen Anfängern und Schülern, sei es im Gesange, dem Pianoforte oder irgendeinem andren Instrument, als nützlich, ja unentbehrlich anzuempfehlen...«

Maelzels Metronom kam laut Schindler für die 8. Symphonie Beethovens, die im gleichen Konzert uraufgeführt wurde, in dem auch der mechanische Feldtrompeter sich produzierte, eine besondere Bedeutung zu. Schindler erzählt:

»In der Frühlingszeit des Jahres 1812 saßen Beethoven, der Mechaniker Maelzel, Graf von Brunswick, Stephan von Breuning und andere bei einem Mahle zusammen... Beethoven, im vertraulichen Kreise gewöhnlich heiter, witzig, satyrisch, ›aufknöpft‹ wie er es nannte, hat bei diesem Mahle nachstehenden Canon improvisiert, der sofort von den Theilnehmern abgesungen wurde: (S. 51)

Aus diesem Canon ist das Allegretto [der 8. Symphonie] hervorgegangen... Ta ta ta ta sind die Pendelschläge des Metronoms.«

Es fand sich keine Beethovensche Handschrift dieses Kanons. Die Forschung geht davon aus, daß nur Schindler ihn aufgeschrieben habe, und zwar aus dem Gedächtnis[55]. Jedoch fehlt auch ein Autograph von Schindler.

An anderer Stelle berichtet Schindler Näheres über die ersten Metronome, die Maelzel der Öffentlichkeit vorstellte: »Es muß in Erinnerung gebracht werden, daß es zwei wesentlich voneinander abweichende Construktionen gibt. Die erste zeigt eine Pyramide von zwölf Zoll Höhe... Die Pendelsäule zeigt nur Zahlen von 50 bis einschließlich 160. – Des hohen Kostenpreises wegen (drei Louisd'or per Stück) fand diese Construktion nur sehr geringe Beachtung in Deutschland... Schon um die zwanziger Jahre ließ der in Paris wohnhafte Maelzel von seinem Bruder in Wien die Maschine in verkleinertem Maßstab – ungefähr acht Zoll hoch – für Deutschland anfertigen, wovon das Stück zu einem Louisd'or abgegeben wurde. Die Pendelsäule zeigt eine Zahlenausdehnung von 40 bis 208...«

Nach Schindlers Angaben wichen die Tempi der beiden Metronome geringfügig voneinander ab – die kleineren waren etwas langsamer. Darum habe Beethoven in den zwanziger Jahren neue Metronomangaben für die 8. SYMPHONIE geschrieben, die folgerichtig langsamere Tempi vorgaben als die früheren[56].

Die ersten Werke, die Beethoven mit Metronomzahlen versah, waren die STREICHQUARTETTE OP. 18, 59, 74 und 95, sowie die KLAVIERSONATE OP. 106, die sogenannte HAMMERKLAVIERSONATE. Nach und nach metronomisierte er sämtliche Symphonien mit allen Sätzen. 1818/19 zeichnete Carl Czerny Beethovens übrige Klavierwerke mit Zahlen aus, die er vom Meister im Ohr hatte[57].

Auch Moscheles notierte Metronomzahlen für Beethovens Klavierwerke und für die Sonaten Mozarts aus der Erinnerung. Für die Sinfonien Mozarts liegen uns Tempoangaben aus der Bearbeitung für Klavier vierhändig und für Flötenquartett von Hummel vor, der Schüler von Mozart war. Tomaschek notierte die Tempi des DON GIOVANNI, den er in der Prager Fassung sehr oft gehört hatte. Auch von den übrigen

Beethoven zugeschriebener »Canon« für Maelzel

Mozart-Opern besitzen wir Metronomzahlen aus einem Klavierauszug von 1822.[128]

Salieri »hat auch versprochen, die Partituren der mozartschen, gluckschen, haydnschen und anderen Compositionen nach dem mälzelschen Chronometer zu bezeichnen, und bereits mit Haydns SCHÖPFUNG und JAHRESZEITEN, und Glucks IPHIGENIA IN TAURIS den Anfang gemacht«, schrieb Gottfried Weber am 6. Juli 1814 in einem Artikel »Über die jetzt bevorstehende wirkliche Einführung des Taktmessers« in der »Allgemeinen Musikalischen Zeitung«. Daß Salieri diese Bezeichnungen tatsächlich vorgenommen hat, ist zu bezweifeln, denn sie sind bis heute nicht ans Tageslicht gekommen.

Immerhin besitzen wir aus der Hochklassik viele von Zeitgenossen stammende Metronombezeichnungen, die einen Eindruck von den Geschwindigkeitsvorstellungen der Zeit vermitteln, denn sie weichen bei ein und demselben Stück nur geringfügig voneinander ab.

Allerdings gibt es folgendes interessante Faktum zu berichten: Während Schindler schreibt, daß Beethoven in späteren Jahren langsameren Tempi den Vorzug gab, liegen die Metronomzahlen, die Czerny 1850 für eine Neuauflage der Beethovenschen Klavierwerke schrieb, um einen oder zwei Metronomstriche über den ursprünglichen Zahlen. Auch die Zahlen von Moscheles aus dem Jahre 1837 deuten auf ein schnelleres Tempo. Es ist nicht auszuschließen, daß sich in diesen Unterschieden bereits das Anziehen der allgemeinen Lebensgeschwindigkeit widerspiegelt, das für das Jahrhundert bezeichnend wurde.

Die Komponisten nach Beethoven notierten, wie er auch, ihre Metronomzahlen selber; das gilt für Schumann, Chopin, Liszt (bei einem Teil seines Œuvres). Die Musiker am Ende des Jahrhunderts schrieben nicht immer Metronomzahlen an ihre Werke; letztlich blieb es dem Gutdünken des Komponisten überlassen, wie er die Auszeichnungspraxis handhabe.

5.   1 × klopfen, 2 × ticken

Das Metronom Maelzels galt der Fachwelt als mechanischer Taktschläger. Der seitlich ausschlagende Meßstab wurde als der Arm des Taktschlägers angesehen, der sich nunmehr von rechts nach links und nicht mehr von oben nach unten bewegte. So weit, so gut – doch gibt es einen wesentlichen und folgenschweren Unterschied zwischen leibhaftigem Taktschläger und mechanischem Metronom: Beim Taktschlagen hören die Musiker nur ein einziges Klopfen, nämlich wenn der Stab des *Anführers* auf den Boden stampft, obwohl zwei Bewegungen stattfinden – abwärts und wieder aufwärts. Das Metronom Maelzels dagegen tickt bei jeder einzelnen Bewegung, beim Hin und beim Zurück – es tickt zweimal, wo der Taktschläger nur einmal klopfte.

Es war gewiß schon zur Entstehungszeit des Maelzelschen Metronoms schwer, der Fehlinterpretation zu entrinnen, daß ein Metronomtick den gleichen Wert habe wie das Klopfen beim Taktschlagen. Die Wahrheit ist: Jeder Tick ist die Hälfte eines Klopfens, erst zwei Ticks machen ein Klopfen aus. Sehr früh setzte diese Verwirrung ein, und sie hielt sich bis heute, denn wir werden angehalten, in einem Metronomtick – ausgedrückt durch die Metronomzahl – den Wert eines Taktschlags, also das Doppelte unterzubringen.

Wäre das Metronom stumm, wie zum Beispiel das Pendel, dann läge die Konfusion nicht so nahe. Als Stöckel sich bemühte, zur Erleichterung der praktizierenden Musiker den Takt hörbar zu machen, begann das Mißverständnis. Allerdings dürfte sein Chronometer sich verhalten haben wie ein Taktschläger, denn »ein Hammer schlägt an eine Glocke«; er schlug gewiß nur einmal und holte dann wieder aus, um abermals auf die Glocke schlagen zu können, so wie der Taktschläger seinen Arm nach dem Aufstampfen wieder heben muß, um abermals klopfen zu können.

Maelzels Metronom ist aufgrund der Bewegung des Meß-
stabes den Pendeln ähnlicher, die ihm zweifellos Modell ge-
standen haben. Da die Pendel jedoch stumm waren, gaben sie
allein die Bewegung vor, das Hin und Her, ohne festzulegen, ob
es als Ganzschwingung, also bis zur Rückkehr in die Ausgangsposition, oder nur als Halbschwingung, nämlich von einer
Seite auf die andere, zu werten sei.

Taktschlagen dagegen bedeutete immer und ausschließlich
die Bewegung abwärts–aufwärts, verbunden mit einem einzigen Klopfen. Genauso verhielt sich Stöckels Chronometer: Er
gab, beim Schlag des Glockenklöppels auf die Glocke, ein einziges Läuten, und das dann folgende Ausholen des Klöppels ging
natürlich lautlos vor sich.

Maelzels Metronom schafft eine vollkommen neue Situation: Es tickt auf dem Hinweg und auf dem Rückweg – es macht
die Hälften autonom, indem jeder ein Tick zugeordnet wird. Es
ist unmöglich, sie als zusammengehörig zu verstehen, als
rechts–links–rechts, als hin und zurück. Die Bewegung ist
nicht mehr der Bezugspunkt; Bezugspunkt ist das Ticken, und
zwar das gleichklingende tick-tick-tick-tick, wie bei der Uhr,
und keineswegs ein tick-tack-tick-tack.

Mit Maelzels Metronom hat das Uhrendenken die Musik in
zweifacherWeise vereinnahmt: Erstens bezieht es das Messen
und Bestimmen von Geschwindigkeiten, von Tempi, auf die
Sekundeneinteilung; und zweitens atomisiert es räumliche,
körperliche, sichtbare Bewegungen in gleiche, zusammen-
hanglose Einzelticks.

Der konsequente Endpunkt dieser Entwicklung ist das
Quarz-Metronom: Es verfügt über keinen pendelnden Stab
mehr, es tickt nur noch. Aber auch das Ticken läßt sich abstel-
len, und dann bleibt lediglich das Aufblitzen eines roten Lämp-
chens – im Tempo der Ticks. Da dieses Metronom kein Pendel
mehr hat und braucht, da es keine sichtbare Bewegung mehr
ausführt, ist es kein *mechanischer Taktschläger* mehr und erin-
nert auch nicht mehr an einen. Menschen, die nur diese Metro-

54

nome kennen, müssen es unendlich schwer haben, sich hinter dem Ticken und Aufblitzen Bewegungen vorzustellen, wie beispielsweise das ursprüngliche Auf und Ab des Taktschlägers, oder das Hin und Zurück des Pendels. Die Bewegung ist eliminiert und für den, der mit dem Apparat umgeht, vergessen.

Außerdem läßt dieses elektronische Metronom – anders als die Pendel oder das Metronom Maelzels mit seinem sichtbar hin- und herschwingenden Meßstab – nicht mehr die Wahl, die Ticks als Elemente einer zweihebigen Zeiteinheit zu verstehen. Es ist nämlich getreu nach Maelzels Vorbild so konstruiert, daß es auf jeder Halbzeit tickt oder blitzt – gleichklingend, gleich aussehend, ohne Akzente und zudem noch ohne sichtbares Pendel.

Angesichts dieses Apparates ist es nahezu unmöglich, sich in Tempovorstellungen der Vergangenheit hineinzudenken – wie es unmöglich ist, sich in einem Auto im 200 Stundenkilometer-Tempo die Fahrgeschwindigkeit einer Pferdekutsche vorzustellen.

6. »Wie waren die Tempi?«

Nach 1800 wurde nicht nur von Komponisten und Didaktikern, sondern auch von Kritikern bemerkt, daß die Tempi in der Musik anzogen, ohne daß man diese Tatsache hätte erklären können. Es wurde gewarnt:

1818 mahnte E. T. A. Hoffmann anläßlich einer Aufführung der C-Dur Messe von Beethoven, die Tempi nicht zu übereilen, »so oft dies leider jetzt zu geschehen pflegt«[58].

1817 – Nikolaus von Zmeskall schrieb über die »übereilten Tempi« vieler Aufführungen, denen es zuzuschreiben wäre, daß »höherer Ernst, Würde und Kraft« durch »leichtfertiges, schnelles Herabspielen entwürdigt oder ganz vernichtet werden«. Zmeskall begrüßte freudig die Erfindung des Metronoms durch Johann Nepomuk Maelzel in der Hoffnung, daß damit der Geschwindigkeitsrausch ein Ende habe.

1828 erwähnte Nicolaus Nissen in seiner Mozart-Biographie[59], daß schon Mozart selbst sich über »das Verhunzen durch übertriebene Temponahme« beklagt habe. »Es grenzt in der That zuweilen an ein förmliches Rasen, so unbegreiflich wild und barbarisch gehen oft Männer mit Mozarts Geisteswerken um, und verderben allen Genuß...« 1839 griff Gottfried Wilhelm Fink[60] diese Klagen auf und schrieb mit Hinweis auf die Metronomzahlen von der Don Giovanni-Uraufführung einen Artikel: »Über das Bedürfnis, Mozarts Hauptwerke unserer Zeit so metronomisiert zu liefern, wie der Meister selbst sie ausführen ließ. «

1824 wünschte der Rezensent der »Allgemeinen Musikalischen Zeitung«, daß Mozart ein Metronom besessen und benutzt hätte, denn dann würde »die Ouverture zum Don Juan nicht so abgerast werden, als man sie von manchem Orchester abrasen hört«[61].

Im gleichen Jahr konnte man in der gleichen Zeitung über die Uraufführung von Beethovens 9. Symphonie wie bereits zitiert lesen, daß der Tonsetzer selbst dem »amtirenden Marschall« zur Seite stand, und den Eintritt eines jeden Tempo, in seiner Originalpartitur nachlesend, fixierte. [62]

Anton Schindler, der in Beethovens letzten Jahren täglich um ihn war, berichtet, daß Beethovens erste Frage im Anschluß an eine Aufführung immer gewesen sei: [63]

»Wie waren die Tempi?«

Aus dem Pariser Opern- und Konzertleben weiß Anton Schindler schreckenerregende Dinge zu berichten [64]. Er hielt sich vom 24. Januar bis zum 15. März 1841 auf Einladung des Dirigenten Habeneck in der französischen Hauptstadt auf und besuchte in jenen Wochen etwa 30 musikalische Veranstaltungen. In einem Tagebuch hielt er seine Beurteilungen fest: 17mal notierte er »zu schnell«. Einige seiner Notizen:

5. Februar – »Webers Ouvertüre zur EURYANTHE wurde vom Orchester gut erfaßt, aber da das Tempo bei dem fugirten Satze im 2. Theile zu schnell genommen wurde, so war der Eintritt des Hauptmotivs zu übereilt und wurde immer noch schneller, daß die Streichinstrumente nur mehr Concertpassagen spielten, somit der Ton dünn wurde und die Streichinstrumente von den Blasinstrumenten überschrien wurden, daß man am Schluß von ersteren nichts mehr hörte. Gerade so ging es mit dem 4. Satze von Beethovens B-DUR SIMPHONIE, die darauf folgte, wo durch das zu geschwinde Tempo die Streichinstrumente fitscheln mußten und dadurch alle Würde und Poesie schwindet.«

10. Februar – Proben zu »Mozarts G-MOLL SIMPHONIE, die auf eine Weise abgejagt wurde, daß man sich darüber garnicht ärgern konnte, sondern nur lachen mußte...«

14. Februar – »Die A-MOLL SONATE mit Violin von Beethoven, gespielt von Litolff und Jos. Franco war eine *Caricatur* und *ekelhaft* für mich anzuhören... abends hörte ich die SIMPHONIA EROICA bei Valentino und hatte tiefes Leid dabei, denn

das Werk ist garnicht verstanden von ihm, und folglich ward es auch von dem Orchester auf eine entsetzliche Weise abgejagt.«

28. Februar – »Das TRIO (OP. 97) von Beethoven war in den ersten 3 Sätzen im Tempo gut aufgefaßt, (tadellos der 3.), der 4. Satz wurde aber von Herrn Hallé in einen Tummelplatz von Passagen umgewandelt und verlohr ganz seine Bedeutung.«

7. März – »Der 1. Satz der PASTORALE war zu geschwinde und verlohr seinen gemütlichen Karakter...«

13. März – »OTELLO [von Rossini]... Die Tempi waren aber durchaus so überjagt, daß die ganze Musik schon deshalb so komisch wurde und ganz ihren Karakter verlor. Die ganze Oper, so vorgetragen, erregte die größte Langweile in mir, so daß ich wirklich einige Male einschlief...«

4. April – »Der Triumph des Herrn Habeneck ist die SIM-PHONIE IN C-MOLL, doch ist das Tempo des 2. Satzes dermaßen schnell, daß der großartige Karakter ganz verlohren geht...«

6. April – SEPTETT von Beethoven: »Die Tempi des 1. Satzes und der Variationen wie auch des 5. Satzes sind übertrieben schnell und Beethoven möchte gewiß sehr unzufrieden damit gewesen seyn. Das SEPTETT ist in dieser Verkleidung nicht wieder zu erkennen, nichts von der edlen Einfachheit und Erhabenheit, sondern blos eine tour de force...«

Im Lauf des Jahre 1841 reiste Schindler auch nach Berlin und machte dort Notizen:

8. SINFONIE von Beethoven »völlig überjagt«, FIDELIO »übereilt, eine wilde Jagd, roh von allen Seiten«, die LEONO-REN-OUVERTÜRE »ordinär von Anfang bis zu Ende, die Passagen von sämtlichen Violinien gepeitscht«[65].

Sofern man das Problem auf den Bereich der Musik beschränkt, läßt sich das Anziehen der Tempi beim Musizieren erklären aus der zunehmenden Fähigkeit der Instrumentalisten, ihre Finger immer schneller bewegen zu können, um dann ihre Fertigkeiten auf technisch immer perfekter gebauten

Instrumenten den staunenden Zuhörern vorzuführen. Um 1800 begann sich herauszubilden, was das Konzertleben in der Folge bis heute beherrschen sollte: die Virtuosität. Ihr Vormarsch vollzog sich parallel zu jenen Umwälzungen in Industrie und Verkehr, die das Alltagsleben fundamental und einschneidend veränderten. Bei genauerem Hinsehen zeigt sich, daß der Virtuosität im Bereich der Musik die gleichen Ideale Pate standen wie dem neuen Ethos der Frühindustrialisierung: Sie heißen *Fleiß* und *Arbeit* und waren von den Puritanern, Calvinisten, Pietisten und vielen Fabrikherren als gottgegebene Haupttugenden des Menschen proklamiert worden. Bei den Instrumentalisten dokumentierte sich die Entwicklung in der *Arbeitsmoral* beim Üben[66]. Sie erlebte einen ungeahnten Aufschwung und stabilisierte sich als vermeintliche Grundlage für jedwede musikalisch-künstlerische Betätigung und Ausbildung. Die Biographien der Musiker und die Klavierschulen bezeugen das. Die Gleichzeitigkeit mit der Entwicklung von Industrie und Verkehr ist frappierend – und dabei dient die Festigung des Uhrendenkens als Grundlage für alles. Die folgende Aufstellung markanter Ereignisse und Entwicklungsstationen zwischen 1675 und 1879 mag Aufschluß darüber geben, wie die parallel zueinander verlaufenden Stränge von Industrialisierung und Musikgeschichte einander beeinflußten und sich miteinander verschlangen. (S. 60)

In den Jahrzehnten von 1780 bis 1820 wurde das Eindringen des linearen Zeitdenkens in die Musik nicht allein anhand der zunehmenden Spielgeschwindigkeiten erkennbar. Haydn, Mozart und Beethoven bildeten die Entwicklungstechnik in den Durchführungen der Sonatenhauptsätze aus. Das war nur möglich innerhalb eines vorwärtsdenkenden, zielgerichteten, nicht zyklischen Zeitbewußtseins. Diese Durchführungstechnik hat sich ausschließlich in Europa und erst in jenen Jahrzehnten entwickelt. Sie stellt die absolute Kongruenz der Musik mit dem linearen Zeitdenken dar.

7. Eine Chronologie: Zeit, Arbeit, Musik

1675: Die Sternwarte in Greenwich wird gegründet, wodurch eine Zusammenfassung unterschiedlicher Ortszeiten möglich wird.

1691: Die Uhren erhalten erstmalig Minutenzeiger; Turmuhren schlagen auch die Viertelstunden.

1700: In England werden für die Tagelöhner Kontrollkarten eingeführt, auf denen Kommen und Gehen auf die Minute genau eingetragen wird.

1705: Patent für eine atmosphärische Dampfmaschine von Newcomen und Cowley.

1716: François Couperin entwickelt in seiner Klavierschule »L'art de toucher le clavecin« vor dem Anbruch des industriellen Zeitalters und im katholischen – also nicht puritanischen – Frankreich einen Ausbildungsweg, in dem Zweifel an den Prinzipien von *Fleiß* und *Arbeit* anklingen: »Es ist in der ersten Unterrichtszeit besser, die Kinder nicht in Abwesenheit des Lehrers üben zu lassen: die kleinen Wesen sind zu zerstreut... Ich nehme deshalb während des Anfangsunterrichts der Kinder aus Vorsicht den Schlüssel des Instruments, auf dem ich sie unterweise, mit, damit sie in meiner Abwesenheit nicht in einem Augenblicke verderben können, was ich in aller Sorgfalt ihnen in Dreiviertelstunden beigebracht habe.«

1750: Auch Marpurg äußert in seiner »Kunst das Klavier zu spielen« die Meinung, daß es für Anfänger besser sei, nicht allein zu üben – es sei denn, man gebe ihnen jeden Tag neue Aufgaben, um »ihre Aufmerksamkeit dadurch zu vermehren«.

1765: Georg Simon Löhlein stellt sich in seiner »Clavierschule« noch gegen das Arbeitsethos: »Die schönen Künste und Wissenschaften sind mehr ein Werk des Genies als des Fleißes.«

Fast gleichzeitig beginnt der achtjährige Muzio Clementi am Klavier das zu praktizieren, was Zinzendorf für sich selbst und Campe für seine Tochter als gottgefällige Lebensweise ansahen: »Acht Stunden widmete er täglich dem Klavier; und wenn er wegen gesellschaftlicher Verpflichtungen, die er Sir Beckford (der den Jungen in Italien seinen Eltern abgekauft und dann zur Ausbildung nach London mitgenommen hatte) zuliebe erfüllte, gezwungen war, die Länge seines täglichen Übens zu verkürzen, so merkte er sich das Defizit und gab es am nächsten Tag zu. So war er manchmal gezwungen, zwölf oder vierzehn Stunden hintereinander zu üben, um dem täglichen Pensum, das er sich selber auferlegt hatte, gerecht zu werden.«

Clementis Schüler John Field übt schwierige Stellen 100mal hintereinander und kontrolliert sich dabei selbst, indem er 100 Spielmarken von einem Becher in einen anderen gibt.

Clementi und Field leben beide in London, also im Herzen des Puritanismus und der Frühindustrialisierung. Um Clementi schart sich eine Gruppe von begabten und interessierten Klavierspielern, die wie der Meister wegen ihrer virtuosen Beherrschung des Instruments in ganz Europa als die *Englische Pianistenschule* bekannt werden. Auf dem Kontinent geht die geschilderte Entwicklung zögernder voran.

1769: James Watt konstruiert eine Dampfmaschine, die für praktische Zwecke eingesetzt werden kann.

1772: Wie für William Temple liegt auch für Anonym Powell das Ziel der Kindererziehung darin, die kleinen Wesen an »unermüdlichen Fleiß« zu gewöhnen. Im Alter von sechs oder sieben Jahren sollen dem Kind »Arbeit und Anstrengung zur Gewohnheit, wenn nicht zur zweiten Natur werden«.

1776: Eine Dampfmaschine kann in einem Hüttenwerk eingesetzt werden.

1778: Zwei Jahre nach der ersten Nutzung der Dampfmaschine reist Mozart von Mannheim nach Paris und braucht dafür 9½ Tage. »Wir haben geglaubt, wir können es nicht aushalten, ich hab mich mein lebetag niehmal so ennuirt...« Im gleichen Jahr beklagte er sich über das »Prestißißimo« des Abbé Vogler.

1779: Dampfmaschine in einer Baumwollspinnerei.

1789: Mozart fährt von Prag nach Wien und schreibt während eines Aufenthaltes in Dresden an seine Frau: »...Wir glaubten Samstag nach Tisch in Dresden zu sein, kamen aber erst Sonntag um 6 Uhr Abends an; so schlecht sind die Wege...«

1789: Daniel Gottlob Türk äußert in seiner »Klavierschule« die Sorge, daß bei zuviel unbeteiligtem Üben, zuviel rein fleißigem Arbeiten, ein »blos mechanischer Musiker« entstehen könne.

1790: In der Textilindustrie werden Dampfwagen zum Transport von Fabrikerzeugnissen eingesetzt; auch Kohle wird auf diese Weise befördert.

1796: Johann L. Dussek spricht in seiner »Pianoforteschule« von »geduldiger, langer und beständiger Übung«, von »anhaltendem Fleiß«, allerdings ohne ein Pensum an Stunden zu nennen.

Zinzendorf, der schon 1760 gestorben ist, hat es weit rigoroser formuliert: »Der Heiland hat gesagt, es sind des Tages 12 Stunden. Wir können nach unserer Art zu leben und in unserem Climate der Arbeit noch mehr Stunden geben.«

In den Fabriken bedeutet das eine Wochenarbeitszeit von 72 Stunden, also 12 Stunden täglich. Im Töpfergewerbe in England müssen Frauen und Kinder 14 bis 16 Stunden am Tag arbeiten – allerdings nur von Mittwoch bis Samstag, an den übrigen Tagen machen sie »blau«.

1799: Fabrikmäßige Uhrenherstellung in Frankreich.

1801: Polizeidirektor Baumgartner in München erfindet die erste Kontrolluhr.

1802: Die Firma Broadwood in London stellt Klaviere mit Hilfe einer Dampfmaschine her. Während früher ein Handwerksbetrieb etwa 20 Klaviere im Jahr baute, sind es bei Broadwood nun 400. Zwanzig Jahre später produziert das Unternehmen 1500 Stück jährlich.

Im Interesse eines schnelleren Güterverkehrs und des Militärs werden in Frankreich bessere Straßen gebaut.

Zum Messen von Geschoßgeschwindigkeiten konstruiert man Taschenuhren mit drei Zifferblättern, die Minuten, Sekunden und Zehntelsekunden anzeigen.

1803: Beethoven soll – nach dem Bericht von Carl Czerny – aus der Bewegung eines Reiters, der an seinem Fenster vorbeigaloppierte, das Thema zum 3. Satz der KLAVIERSONATE OP. 31,2 entwickelt haben. Er überschreibt den Satz mit *Allegretto*.

1807: Zwischen New York und Albany verkehrt das erste Dampfschiff.

1814: Johann Nepomuk Maelzel stellt seinen Taktmesser, sein Metronom, vor, mit dessen Hilfe es für die Komponisten möglich wird, das genaue Tempo für die Interpretation ihrer Musik anzugeben.

1817: Erstes Dampfschiff auf der Spree.

1819: Erste Ozeanüberquerung des Dampfschiffs *Savannah*.

1818–1869: Lebenszeit des Pianisten Alexander Dreyschock, der 12 Stunden täglich übte.

1814–1889: Lebenszeit des Pianisten Adolph Henselt, der 16 Stunden täglich übte.

1828: Johann Nepomuk Hummel, der Schüler Mozarts, äußert in seiner Klavierschule: »Manche im Fortschreiten begriffenen Schüler sind der irrigen Meinung, man müsse täglich wenigstens 6 bis 7 Stunden spielen, um zum Ziel zu gelangen; ich kann jedoch versichern, daß ein regelmäßiges, gründliches, aufmerksames Studium von höchstens 3 Stunden zureichend ist; denn jede längere Übung stumpft den Geist ab, bewirkt ein mehr maschinenmäßiges als seelenvolles Spiel...«

1810–1849: Lebenszeit von Fréderic Chopin – er verbietet seinen Schülern, mehr als drei Stunden täglich zu üben.

1829: Erste Probefahrt der Dampflokomotive *Rocket* des Engländers Stephenson; ohne Anhänger kann sie 56 Stundenkilometer fahren.

1829: Francis Place über seine Erfahrungen im Arbeitsleben: »Ich weiß nicht, wie ich den Überdruß und Ekel beschreiben soll, der den Arbeiter manchmal überkommt und ihn für längere oder kürzere Zeit unfähig macht, seiner gewohnten Tätigkeit nachzugehen. Fast sechs Jahre lang arbeitete ich – wenn ich Arbeit hatte – zwölf bis achtzehn Stunden am Tag. Wenn ich aus dem erwähnten Grund nicht mehr arbeiten konnte, rannte ich weg und lief so rasch es ging nach Highgate, Hampstead, Muswell-hill oder Norwood und kehrte dann zu meinem Brechmittel zurück. So geht es jedem Arbeiter, den ich kenne, und je hoffnungsloser die Lage eines Mannes ist, desto öfter wiederholen sich solche Anfälle und desto länger dauern sie.«

1830: Einweihung der ersten öffentlichen Eisenbahnstrecke zwischen Manchester und Liverpool; die Züge haben eine Fahrgeschwindigkeit von 17 bis 20 Stundenkilometern und sind damit etwa doppelt so schnell wie eine Postkutsche.

1833: Robert Schumann komponiert seine 2. Klaviersonate. Der erste Satz trägt die Spielanweisung »So rasch wie möglich«. Auf deutschem Boden ist noch keine Eisenbahn gefahren; was stellt sich Schumann unter »rasch« vor?

1833: J. N. Hummel gibt einen Klavierabend in Wien. Der Saal bleibt halbleer. Zwar ist er vor 1800 ein Wunderkind gewesen und mit 15 Jahren ein gefeierter Pianist, der eine wahre Mode der Virtuosität auf dem Klavier auslöste; doch in den dreißiger Jahren sind seine Übemoral und seine Vorstellungen von idealem Klavierspiel nicht mehr auf dem Stand der Zeit. »Eine neue sinnbestrickende Phase des Clavierspiels begann ihre Herrschaft. Das Publikum hatte von dem Zaubertranke der Jünglinge Liszt, Thalberg und Chopin gekostet«, schreibt der damalige Wiener Starkritiker Eduard Hanslick.

1835: Erste deutsche Eisenbahnstrecke zwischen Nürnberg und Fürth.

Ausbau des Eisenbahnnetzes in Westeuropa im Interesse des Handels, des Gütertransports, des Militärs und der Personenbeförderung. Die Güterzüge fahren 20 bis 30 Kilometer in der Stunde.

ca. 1840: Robert Schumann vertont Heines Gedicht »Mein Wagen rollet langsam«, zu spielen »nach dem Sinn des Gedichts«. Ein *langsamer* Wagen fuhr im Geh-Tempo, also etwa 5 km / st.

Mit der Fahrt des ersten Dampfrosses bedeutet *rasch* schlagartig etwas anderes als vorher, nämlich mindestens die doppelte Geschwindigkeit. Es bleibt festzuhalten, daß J. S. Bach, Haydn, Mozart, Beethoven, Schubert, C. M. v. Weber ihre gesamte Musik vor diesem einschneidenden Ereignis komponiert hatten und bereits nicht mehr lebten. Von Chopin gab es zu jener Zeit schon die PRÉLUDES und die ETÜDEN, von Liszt das 2. KLAVIERKONZERT, das Es DUR-KONZERT war konzipiert; geschrieben waren die ETUDES D'EXÉCUTION TRANSCENDANTE D'APRÈS PAGANINI, das ALBUM D'UN VOYAGEUR, das Heft SUISSE aus den ANNÉES DE PÉLÉRINAGE.

1836–1848: »Herrschaft der souveränen Virtuosität in Wien« nach dem Urteil Hanslicks. »Was das eigentliche Virtuosendecennium charakterisiert, sind zwei Dinge. Erstens die große Zahl von Sternen ersten Ranges, welche dicht neben und nacheinander blendend aufgingen, jeder wieder von einer Legion schwächerer Trabanten umkreist. Sodann die ungemein und anhaltend enthusiastische Stimmung, mit welcher das Publikum den Virtuosen und ihrer Kunstrichtung entgegenkam.«

Der Enthusiasmus steigert sich einigen Virtuosen gegenüber zum Taumel. Nachdem Paganini 1828 zum ersten Mal in Wien gespielt hat, »drehte sich ganz Wien in einem wahren Paganinischwindel: Kleider, Speisen, Frisuren wurden nach Paganini genannt. Man verkaufte Dosen und Stöcke mit seinem Porträt, prägte Medaillen zu seiner Erinnerung«, berichtet Hanslick. Ähnlich hoch schlagen die Wogen auch im Fall von Franz Liszt, der Sängerin Angelica Catalani, der geigenden Schwestern Milanollo. Und der Rausch der Begeisterung begleitet die Virtuosen durch ganz Europa.

Das bürgerliche Publikum, die fleißigen, sparsamen und ordentlichen Leute können sich offenbar nicht satt hören und sehen an diesen Existenzen, die in Glanz, Flitter und Exzentrik ein Leben außerhalb der industriell-kapitalistischen Zwänge zu führen scheinen, andererseits aber mit ihren Darbietungen alles, was technischen Fortschritt ausmacht, repräsentieren. Man interessiert sich zunehmend für das, was diese Virtuosen machen und wie sie es machen. Die Zeit ist reif, Anleitungen zum Erwerben der Virtuosität zu verfassen. Für das Klavier entwickelt sie Carl Czerny, der begehrte Klavierpädagoge in Wien, der als Kind Schüler von Beethoven war.

Czerny macht die Virtuosität auf dem Klavier zum Volkssport, indem er die Eigenschaften, die man zur Bewältigung des Berufslebens braucht, auch als die wichtigsten Elemente zur Vervollkommnung der Fertigkeiten auf dem Instrument herausstellt – allen voran den Fleiß!

1839: Czerny schreibt in seiner »Pianoforteschule«: »Übung ist der große Zauberer, der das Unmöglicherscheinende nicht nur ausführbar, sondern auch leicht macht. Fleiß und Übung sind die Schöpfer alles Großen, Guten und Schönen auf der Erde. Genie und Talent ist nur der rohe Marmor: Fleiß und Übung aber ist der von kundiger Hand geführte Meißel, welcher aus diesem Marmor erst die schöne Bildsäule erschaffet.«

Czerny schreibt zahllose Hefte mit Etüden und Übungen »zum Erlangen und Bewahren der Virtuosität«, immer unter dem Motto: »Nichts ist für den ausübenden Künstler wichtiger, als die gemeinnützigsten Schwierigkeiten so oft nacheinander unverdrossen zu üben, bis er derselben vollkommen mächtig geworden . . .« Mit seinen genauen Anweisungen, wie oft die einzelnen Übungen wiederholt werden sollen, verordnet er den Klavierspielern endgültig *Arbeit*. Von *Kunst* ist hier nicht mehr die Rede.

Franz Liszt war als Kind zwei Jahre lang Schüler von Czerny und lernte bei ihm, was *üben* heißt. Als er später in Paris die Violinvirtuosität Paganinis auf das Klavier übertragen will, übt er drei Jahre lang täglich fünf bis sechs Stunden klaviertechnische Probleme – Sprünge, Akkorde, Passagen – jeweils 10-, 20- oder 50mal.

Carl Czerny denkt auch anders über *Bravour* als sein Lehrer Beethoven: Er erlebt den veränderten Konzertbetrieb mit den größeren Konzertsälen und dem »großen, folglich gemischten Publikum«, das durch etwas »Außerordentliches überrascht« werden müsse. Dieses Außerordentliche ist nach Czerny »vollendete Bravour mit gutem Geschmack vereinigt«.

Man kann in Czernys »Pianoforteschule« nachlesen, was er unter *Bravour* versteht: ein fehlerfreies, lautes, schnelles Staccato-Spiel. Und dann findet man seine Ermahnung: »Um sich das brillante Spiel anzugewöhnen, hat der Schüler wieder die Scalen in diesem Sinne täglich zu üben, indem er sie mit möglichster Schnelligkeit, Deutlichkeit, Kraft und genauer Absonderung der Töne (staccato)... ausführt.« Das liest sich wie Vater Campes Richtlinien für die Erziehung seiner Tochter zur perfekten Hausfrau.

An anderer Stelle empfiehlt Czerny, dem brillanten Spiel vom ersten Tag des Unterrichts an größte Aufmerksamkeit zu widmen. Das tut man im ganzen 19. Jahrhundert. Etwa 1000 Etüdenwerke erscheinen, die zu einer solchen Erziehung beitragen sollen. Am Ziel und am empfohlenen Weg hat sich bis heute wenig geändert. Das Musikmachen ist endgültig zum *Beruf* geworden.

ca. 1870: *Trains rapides* verkehren zwischen Paris und Bordeaux und fahren 95 Stundenkilometer. Das ist die zehnfache Geschwindigkeit einer von Pferden gezogenen Kutsche, erreicht innerhalb von vierzig Jahren.

›Bekanntlich verstanden die Musiker aus der ersten Hälfte des vorigen Jahrhunderts unter Allegro nur ungefähr, was wir jetzt Andante nennen...‹

Allgemeine Musikalische Zeitung vom Juli 1813

8. Eine neue Oberschicht und ein neues Kunstverständnis

Das Arbeitsethos, das sich im 17. und 18. Jahrhundert in Mitteleuropa herausbildete, veränderte die Gesellschaft grundlegend. Indem es postulierte, daß man arbeitsam, zielgerichtet, ordentlich und pünktlich zu sein habe, versuchte das Bürgertum, sich gegen das untätige, auf Wohlleben ausgerichtete Dasein der Feudalgesellschaft abzugrenzen. Tätigkeit wurde als positiver Wert dem Genuß entgegengestellt.

Max Weber verweist auf die »Antipathie des Puritanismus gegen feudale Lebensformen«[67], auf den »Sparzwang« dieser Gesellschaft, der sich auch auf die kulturellen Güter erstreckte: »Sie dürfen nichts kosten... Der Flitter und Schein chevalresken Prunkes..., das Theater war dem Puritaner verwerflich.« Weber zieht die trübe Bilanz, daß sich die Askese »wie ein Reif auf das fröhliche alte England« legte. Man darf ergänzen: auf den Rest Europas ebenfalls.

Die Konsequenzen jener Lebenseinstellung reichten bis hinein ins Alltägliche. In der gesamten europäischen Kulturgeschichte (und nicht nur der europäischen) läßt sich beobachten, daß sich die aristokratische Oberschicht gemessen, langsam, gravitätisch bewegte[68]. *Schnell* waren nur Leute, die zu arbeiten hatten – also Menschen aus den Schichten unterhalb der Feudalklasse. Nachdem die Aristokratie infolge der Französischen Revolution ihren bestimmenden Einfluß verloren hatte, änderte sich auch das Tempo des täglichen Lebens. Das Bürgertum hatte kaum Zeit für aristokratische Gemessenheit. Als tragende Schicht der Erwerbsgesellschaft hielt es *Tempo* für unerläßlich. Der Sinn für Schnelligkeit blieb nicht mehr das Signum der gesellschaftlichen Unterschicht – als neue Oberschicht erklärte das Bürgertum die Geschäftigkeit und das Tempo des Alltags zu Lebensnotwendigkeiten, auf denen vor allem der Segen Gottes lag.

Die neuen Tugenden – Fleiß und Sparsamkeit – führten zu einem neuen Ideal vom Menschen, und zu diesem Ideal mußte er erst einmal erzogen werden. Während sich die mittelalterlichen höfischen Kreise noch um *mâze* und *staete* (Beständigkeit) bemüht hatten, und während für den Grafen Baldesar Castiglione in seinem Buch vom Hofmann (1528) noch Grazie, Anmut und Leichtigkeit die erstrebenswerten Tugenden gewesen waren, mußten die jungen Leute des 18. Jahrhunderts auf den geradezu geizigen Umgang mit der Zeit gedrillt werden.

Zwischen 1741 und 1754 schrieb Lord Chesterfield seinem Sohn zahlreiche Briefe voller Lebensregeln[69]:

»Weg mit aller Trägheit. Jede Minute Deines Lebens wende auf tätiges Vergnügen oder nützliche Verrichtungen... Jeder Augenblick kann zu irgendeinem Nutzen verwandt werden... Versäume niemals eine Minute in Müßiggang und Untätigkeit... Geschwindigkeit ist die Seele der Geschäfte...«

Die entsprechenden Richtlinien für die Mädchen formulierte Joachim Heinrich Campe im Jahre der Revolution 1789: »Väterlicher Rath für meine Tochter. Der erwachsenen weiblichen Jugend gewidmet«[70]:

»Die Mutter wird dir zeigen, wie die wirtschaftlichen und hausmütterlichen Geschäfte am besten, am ordentlichsten und am geschwindesten verrichtet werden können... Sie wird die Zeit des Aufstehens und des Schlafengehens, die der Arbeit und der Erholung, die der Mittags- und Abendmahlzeit usw. genau mit dir verabreden, einen nach Stunden, nach halben und Viertelstunden bestimmten Lebens- und Geschäftsplan darüber aufsetzen, und mit liebevoller Strenge darüber wachen, daß an jedem Tage und in jeder Stunde gerade das von dir geschehe oder besorgt werde, was der Plan dafür angeben wird.«

Unter dem Motto »Wer übt, sündigt nicht« hatte auch die Beschäftigung mit einem Musikinstrument Platz in einer solchen Erziehung.

Rousseau befürwortete in seinem Gegenkonzept, daß Kinder nicht zu sehr an ein starres Stundenschema gewöhnt werden sollten. Sein Ideal vom Leben bestand darin, daß »die Zeit verrinnen würde, ohne daß jemand daran dächte, die Stunden zu zählen. Die Mahlzeit würde uns als Ruhezeit dienen und solange währen wie die Tageshitze.«[71]

Von der Industrie wurde das genaue Gegenteil postuliert – allerdings nur für die Kinder der armen Leute:

»Als William Temple im Jahre 1770 dafür plädierte, arme Kinder im Alter von 4 Jahren in die Arbeitshäuser zu schicken, wo sie Fabrikarbeit leisten und zwei Stunden am Tag Schulunterricht erhalten sollten, hatte er sehr genaue Vorstellungen vom sozialisierenden Einfluß dieses Prozesses: ›Es ist sehr nützlich, daß sie auf irgendwelche Art ständig beschäftigt werden, wenigstens 12 Stunden am Tag, ob sie damit nun ihren Unterhalt verdienen oder nicht; denn wir hoffen, daß sich auf diese Weise die heranwachsende Generation so sehr an ständige Beschäftigung gewöhnen wird, daß sie diese zuletzt als angenehm und unterhaltend empfindet.‹«[72]

Zweihundert Jahre später, nämlich heute, wird in einem »Managerknigge« ausgeführt, welche Eigenschaften ein Manager haben muß: »Die majestätische Distanz eines Löwen, die Schnelligkeit eines Geparden und die diplomatische Schmiegsamkeit einer Siamkatze.«[73]

Als das Bürgertum, die fleißige, sparsame und auf Schnelligkeit bedachte nichtaristokratische Gesellschaftsschicht, im 19. Jahrhundert auch die kulturelle Vorherrschaft übernahm, änderten sich die Akzente in den künstlerischen Bewertungen. Der Fortschrittsrausch, der durch die technischen Errungenschaften im Produktionswesen und im Verkehr permanent bestätigt und neu angefacht wurde, fand sein künstlerisches Abbild – bezogen auf die Musik – im Virtuosentum. Geschwindigkeit wurde zur eigentlichen Seele der Musik. Sie blieb es bis heute, weil, wie schon Lord Chesterfield seinem Sohn geschrieben hatte, auch die »Geschäfte« unter ihrem Primat stehen sollten.

Unter der *bürgerlichen* Herrschaft über die Kunst konnte sich eine Variante durchsetzen, die Atembeklemmungen hervorruft, nämlich das *Kleinbürgerliche*[74]. Die gleiche Reglementierung, die Vater Campe für seine Tochter vorsah, setzte sich in der Erziehung insgesamt und speziell im Umgang mit der Musik durch. Angefangen bei den Kindern, die ein Instrument spielen lernen wollten, bis hin zum Virtuosen auf dem Konzertpodium wurden alle in dieses Korsett aus Werten, Regeln und Ritualen gezwängt: fehlerfrei muß man spielen, schnell, gleichmäßig und, was die Aussage betrifft, *normal* – es wird als Affront empfunden, wie Glenn Gould aus der *Normalität* auszubrechen. Das Zuhause des Kleinbürgerlichen ist nach Bertold Franke die *apolitische Normalität*. Adorno sprach schon 1959 vom »auf Touren gebrachten Kleinbürger«[75] als dem »herrschenden Sozialcharakter«.

Unter diesem Diktat, das »pedantisch bis auf die zweite Stelle hinter dem Komma«[76] vom Publikum, von den Ausbildungsstätten, den Medien und den Schallplattenproduzenten ausgeübt wird, wurden die Virtuosen domestiziert. Die Nachfahren der exzentrischen Paganini, Liszt und anderer mehr wurden *normal*[77]. Sie wurden Berufsmenschen wie du und ich und in ihrer Leistung kontrollierbar wie Campes Tochter.

Das heutige Musikleben ist in höchstem Maße kleinbürgerlich, es folgt eher Saubermann-Idealen als künstlerischen Entwürfen. Die Programme der Festivals, des Fernsehens und des Rundfunks machen sich das Diktat des *Normalen* und Ordnungsbeflissenen und die untrennbar damit verbundene Gläubigkeit gegenüber bestehenden Verhältnissen zunutze: Neues oder Aus-dem-Rahmen-Fallendes wird gemieden, statt dessen setzt man ausschließlich auf die Verkäuflichkeit des technischen Fortschritts. Eine Schallplattenfirma wirbt mit dem Satz: »Wenn hohe Kunst und modernste Technik zusammentreffen, entsteht ein Musikprogramm für Anspruchsvolle.«

Anders wirbt man nicht für Möbeleinrichtungen oder Autos, und andere Ansprüche stellen die sogenannten *Anspruchsvollen* wohl auch nicht an die Musik und die Kunst. Das ist ganz *normal*.

9. Passagenwuth

Als die neue Ästhetik des Bürgertums, die Hochschätzung der fleißgeborenen und Arbeit dokumentierenden Virtuosität sich breitmachte, stieß sie bei den Komponisten wie auch bei den Kritikern zunächst auf Ablehnung.

E. T. A. Hoffmann schrieb 1813 anläßlich der KLAVIER-TRIOS OP. 70 von Beethoven, daß es »wenige eigentliche Künstler, wahrhafte Virtuosen giebt, da leider auch in der Kunst der Egoism, die leidige, leere Prahlsucht um sich greift...«[78]

Beethoven selbst äußerte höchstes Mißtrauen gegenüber den Virtuosen: »Es ist von jeher bekannt, daß die größten Klavierspieler auch die größten Komponisten waren, aber wie spielten sie? Nicht so wie die heutigen Klavierspieler, welche nur die Klaviatur mit eingelernten Passagen auf- und ab rennen, putsch-putsch-putsch was heißt das? Nichts! Die wahren Klaviervirtuosen, wenn sie spielten, so war das etwas Zusammenhängendes, etwas Ganzes; man konnte es geschrieben gleich als ein gut durchgeführtes Werk betrachten. Das heißt Klavierspielen, das Übrige heißt nichts!« Diese Sätze überlieferte der tschechische Komponist W. Tomaschek aus dem Jahre 1814.

Seinem Schüler Ferdinand Ries gegenüber formulierte Beethoven seine Zweifel an der Bravour als Selbstzweck noch präziser: »Aufrichtig zu sagen, ich bin kein Freund von dergleichen, da es den Mechanismus gar zu sehr befördert...« Schindler zitiert in einem Brief an Robert Schumann die rabiateste Äußerung Beethovens[79]: »Auf den Virtuosen liegt ein Fluch. Ihre geläufigen Finger laufen immer mit dem Gefühl, oft auch mit dem Verstande davon, und wie die Finger zu laufen gewohnt sind, so glauben sie, daß Singstimmen und alles andere mit ihnen laufen muß.«

Nach 1820 war die Distanz Beethovens zum *Trend* der Zeit,

nämlich der Virtuosität, offenkundig. Friedrich August Kanne, der sich in seinen Besprechungen energisch für Beethoven einsetzte, nahm eine »Academie des Hrn. Ludwig van Beethoven« 1824 zum Anlaß, um sich grundsätzlich zum Zwiespalt jener Jahre innerhalb der Musik zu äußern:[80] »In allen seinen [Beethovens] Werken findet sich nirgends eine Spur von der Passagenwuth, welche leider seit einigen Jahren in den Werken der neuesten Tonsetzer mit so entschiedener Heftigkeit um sich gegriffen hat, daß man in der That nicht weiß, ob man mehr über die Flachheit und Gaukler-Natur ihrer Erfinder staunen, oder den augenscheinlichen Mangel an Tiefe der Seele bey jenen verwünschen soll, welche dieser geistlosen Manier, nur durch brillanten Effect und Zweckmäßigkeit der Finger zu imponieren, mit so tadelnswerther Bereitwilligkeit sich ergeben konnten.

Wenn man die Augen unparteiisch auf viele Producte neuerer Zeit wirft, so fühlt man sich bey dem Anblicke der unausgesetzt fortlaufenden halsbrechenden Figuren, der das weiße Blatt mit lauter Zweyunddreyßig- und Vierunsechzig-Theilen schwärzenden Passagenkunst so zurückgestossen, weil es fast unmöglich, noch einen Ruhepunkt darin zu finden...«

Es läßt aufhorchen, daß sich schon 1824 Kritiker bemüßigt fühlten, Virtuosität auf einem Musikinstrument mit Sport gleichzusetzen. Kanne schreibt[81]: »Man wird zur Executierung solcher Parforce-Stücke (denn Bravour-Stücke scheint uns zu edel) in Zukunft gar keine Seele mehr brauchen, sondern nur Finger, denen die equilibristische und gymnastische Schnell- und Springfederkraft so eigen ist, als dem Gliederbau eines indischen Equilibristen und Gymnastikers... Mit einem Worte, bey den Fortschritten der bloßen Passagenwuth wird die schöne Kunst des Klavierspiels bald nur eine gymnastische Kunst zu nennen seyn. Von dieser großen Verirrung blieb Beethovens edler Genius frey...«

Anton Schindler erkannte deutlich die »Umwälzung«, die der »mehr und mehr cultivierte und endlich zu voller Herrschaft gelangte Mechanismus des Pianoforte und der Saiteninstrumente« bewirkt habe. »Man höre die maßlosen, oft in Wildheit ausartenden Uebertreibungen der Tempi«, ruft er aus. Dabei gilt es zu bedenken, daß diese »oft in Wildheit ausartende Uebertreibung der Tempi«[82] möglich war, obwohl seit 1814 das Metronom Maelzels es den Komponisten erlaubte, die von ihnen gewünschte Geschwindigkeit für ein Musikstück mit Hilfe einer Zahl auf der Skala des Metronoms festzulegen.

10. Ein neuer Abschnitt in der Weltgeschichte

Le Grand Dictionnaire Universel (Paris 1866–1890):
»Eisenbahn! Welch magisches Wort und von welch einer Aureole umgeben, seit sie uns als Synonym von Zivilisation, Fortschritt und Brüderlichkeit erscheint.«

»So muß unsern Vätern zumut gewesen sein, als Amerika entdeckt wurde, als die Erfindung des Pulvers sich durch ihre ersten Schüsse ankündigte, als die Buchdruckerei die ersten Aushängebogen des göttlichen Wortes in die Welt schickte. Die Eisenbahnen sind wieder ein solches providentielles Ereignis, das der Menschheit einen neuen Umschwung gibt, das die Farbe und Gestalt des Lebens verändert; es beginnt ein neuer Abschnitt in der Weltgeschichte.«[83] So kommentierte Heinrich Heine die Eröffnung der Eisenbahnlinien von Paris nach Orléans und nach Rouen am 5. Mai 1843.

Die erste Eisenbahn[84] und die damit real gewordene Verdoppelung der bis dahin bekannten Geschwindigkeiten rief ebensolche Stürme der Begeisterung und der Ablehnung hervor wie der *schnelle* Beethoven der Virtuosen. 1838 reagierte Flaubert mit Sorge auf die ersten Züge: »Die schnelle Bewegung muß bei den Reisenden unfehlbar eine Gehirnkrankheit, eine besondere Art des delirium furiosum erzeugen. Wollen aber dennoch Reisende dieser gräßlichen Gefahr trotzen, so muß der Staat wenigstens die Zuschauer schützen, denn sonst verfallen diese beim Anblick des schnell dahinfahrenden Dampfwagens genau derselben Gehirnkrankheit. Es ist daher notwendig, die Bahnstelle auf beiden Seiten mit einem hohen Bretterzaun einzufassen.« Eine gleichlautende Empfehlung gab übrigens auch das Münchner Obermedizinalkollegium an den König von Bayern.

Goethe hielt Eisenbahnen für eine nützliche Hilfe zur Aufweichung der deutschen Kleinstaaterei und deren Hartnäckigkeit, er hatte aber größte Bedenken wegen des anwachsenden

Lebenstempos: »Man verspeist im nächsten Augenblick den vorhergehenden und so springt's von Haus zu Haus, von Stadt zu Stadt, von Reich zu Reich und zuletzt von Weltteil zu Weltteil. Alles veloziferisch.«[85] – Das Maschinenwesen fürchtete er sowieso.

Die Reihe der Kritiker riß nicht ab; sie waren weitgehend dieselben, die die Technik ablehnten und konsequenterweise Fortschritt für unmöglich hielten. Die Begeisterung für die Eisenbahn war jedoch größer als alle Angst und Bedenken. Daß sie nicht rumpelte wie eine Pferdekutsche, daß ihre Bewegung vergleichsweise glatt und eben war, ließ die Menschen glauben, sie würden fliegen. Alfred de Vigny stellte fest: »Entfernung und Zeit sind besiegt.«[86]

Heine beschrieb die Stimmung in Paris in jenen Jahren: »Die Eröffnung der beiden neuen Eisenbahnen verursacht hier eine Erschütterung, die jeder mitempfindet, wenn er nicht auf einem sozialen Isolierschemel steht. Die ganze Bevölkerung von Paris bildet in diesem Augenblick gleichsam eine Kette, wo einer dem anderen den elektrischen Schlag mitteilt... es erfaßt den Denker ein unheimliches Grauen, wie wir es immer empfinden, wenn das Ungeheuerste, das Unerhörteste geschieht, dessen Folgen unabsehbar und unberechenbar sind. Wir merken bloß, daß unsere ganze Existenz in neue Gleise fortgerissen, fortgeschleudert wird.«[87]

Größtes Interesse fand die Eisenbahn – wie überhaupt sämtliche Einrichtungen, die das Fortbewegungstempo erhöhten – im militärischen Bereich. Flaubert meinte in seinem »Dictionnaire des idées reçues« unter dem Stichwort *Chemin de fer*, Napoleon wäre unbesiegbar gewesen, wenn er schon über Eisenbahnen hätte verfügen können. Österreich baute im Hinblick auf einen möglichen Krieg mit Italien seine Eisenbahnstrecken aus, wie die Protokolle der Militärkonferenz in Wien am 7. März 1866 bezeugen.

Die neuen, dank der Eisenbahn möglich gewordenen Geschwindigkeiten lösten im Bereich der Wirtschaft Stürme der Euphorie aus. »Es lebe der Dampf«, schrieb Friedrich List schon 1825[88]. »Es wird dem Handel und Gewerbe neuen Schwung und neue Richtungen geben, er wird die entferntesten Teile der Erde sich nahe bringen.« Im Fortschritts-, Technik- und Wachstumsrausch der Gründerjahre schienen sich solche Erwartungen zu bestätigen. Die Folge war nicht ein Bremsmanöver, sondern im Gegenteil eine weitere Tempobeschleunigung auf allen Gebieten, und so fuhr die »eilige Generation« mit ungehemmter Schnelligkeit ins zwanzigste, in das »Jahrhundert der Geschwindigkeit«, wie Apollinaire es schon im Ersten Weltkrieg nannte. In anderem Zusammenhang sprach er von der »Religion der Geschwindigkeit«.

Sloterdijk verweist auf die »blinde kinetische Weiterwälzung der einmal angestoßenen Prozeßmassen«, auf die »neuzeitliche Mobilmachungsspirale«, die uns in das »moderne Tempodrom«[89] getrieben habe.

Im Bereich der Musik verlief die Entwicklung ähnlich: Die zitierten Konzertbesprechungen mögen den Anschein erwecken, als seien Zweifler in der Mehrzahl gewesen. Das Gegenteil ist richtig – die Kritik kam vornehmlich von den Konservativen, von jenen, die die Musizierpraxis der Beethovenzeit noch im Ohr hatten. Sie erschienen als Fortschrittsfeinde, als Tempomuffel, ihre Namen sind weitgehend vergessen: Anton Schindler, Adolf Bernhard Marx, Otto Jahn, Eduard Hanslick seien stellvertretend für viele andere genannt.

Die Zukunft gehörte der Virtuosität, dem Schnellspielen. Die Virtuosen hatten das grenzenlos applaudierende Publikum auf ihrer Seite. Selbst die Musikwissenschaft – zum Beispiel ihr in jener Zeit geachtetster Vertreter Hugo Riemann – hatte gegen Ende des 19. Jahrhunderts den Stil der Beethovenzeit vergessen; auch Riemann glaubte an die Richtigkeit der Interpretationen der Spieler seiner Zeit. Vom musikwissenschaftlichen Denken sollten im 20. Jahrhundert neuerliche Anregungen sowohl zum Schnellspielen als auch zu einer fundamentalen Korrektur des Temporausches ausgehen.

Die Kritiker der Eisenbahn prophezeiten oft, daß das *prosaische* Maschinenwesen die Kunst töten werde. Zunächst trat das Gegenteil ein: Die Künstler aller Sparten nahmen sich der Technik an und stellten sie dar. Aus dem vorigen Jahrhundert existieren bildnerische Darstellungen der Eisenbahn von Turner, Monet, Cézanne, Daumier, Menzel, van Gogh, um nur einige zu nennen. Die Eisenbahn hielt Einzug in die Dichtung bei Zola, Verlaine, Proust, Tolstoi, Thomas Mann – auch dies nur wenige Beispiele aus der Zeit bis zum Ersten Weltkrieg. Von den 1920er Jahren an wird die Technik allgemein und die Eisenbahn im speziellen eines der großen Themen der Zeit, was sich in einer schier unübersehbaren Fülle von Arbeiten dokumentiert.

Für die Musiker hatte die Eisenbahn einen großen rhythmischen Reiz. Wie man in früheren Zeiten ein *Perpetuum mobile* komponierte, so gab es bald nach der ersten Eisenbahnfahrt Komponisten, die das Dampfroß als Anregung für ihre Arbeit nahmen. Schon 1844 schrieb Charles Valentin Alkan das virtuose Klavierstück LE CHEMIN DE FER, in dem die permanente Bewegung der Lokomotive nachgeahmt wird. Hector Berlioz komponierte 1864 anläßlich der Eröffnung einer französischen Eisenbahnstrecke das Stück GESANG DER EISENBAHN für Chor und Orchester. Einem Zeitungsbericht aus dem Jahre 1869 kann man entnehmen, daß zur Einweihung der ersten Eisenbahnlinie in Mexiko ein Orchesterstück mit dem Titel DIE LOKOMOTIVE aufgeführt wurde. Die Zeitung schreibt, daß besondere Instrumente verwendet wurden, um das Donnern der Dampfmaschine, das Pfeifen der Lokomotive und sogar das Rattern der Rädern auf den Schienen wiederzugeben. Die Aufführung soll eine »von modernen Giganten angestimmte Lobeshymne auf die Zivilisation des 19. Jahrhunderts« gewesen sein.

Es ist bezeichnend für die fortschrittlichen Musiker jener Jahrzehnte, daß sie positiv zu ihrer Gegenwart und damit auch zur Technik standen. Sie verleugneten nicht die technischen

Errungenschaften ihrer Zeit zugunsten eines Kokettierens mit der sogenannten guten alten Zeit und einer *besseren Welt.* Nicht nur das neue Tempo, sondern vor allem die neuen Geräusche regten sie an. Die Versuche, sie nachzuahmen, waren vielfältig – sowohl auf den traditionellen Instrumenten als auch durch neue, damals im Orchester unübliche Geräuscherzeuger. Der Orchesterklang wurde auf diese Weise sehr viel reichhaltiger und zeitgemäßer, ein Umstand, der dieser Musik – auch der von Berlioz – von den Konservativen und von Teilen des Publikums größte Ablehnung eintrug, andererseits jedoch auf kürzestem Wege ins 20. Jahrhundert und zu den Futuristen führte.

Bereits 1909 erklärte Marinetti im Futuristischen Manifest[90]: »Wir preisen das Getriebe in den modernen Hauptstädten; die nächtliche Vibration der Arsenale und Baustellen... die Bahnhöfe... die Hüttenwerke... die Brücken...«

Das Programm für die neue Musik proklamierte 1913 Luigi Russolo, der Musiker der Futuristengruppe[91]:

»Wir werden uns ein Vergnügen daraus machen, die Geräusche der Metallrollos vor Ladenfenstern, von zuschlagenden Türen, das Schlurfen und Drängen der Menge, die Massenunruhe der Bahnhöfe, Stahlwerke, Fabriken, Druckpressen, Kraftwerke und Untergrundbahnen als unser Orchester anzusehen.«

In Marinettis Manifest von 1909 gibt es den berauschten Satz:

»Wir erklären, daß die Pracht der Welt sich um eine neue Schönheit bereichert hat: die Schönheit der Geschwindigkeit.«

Über den Wert, den die Futuristen der klassischen Musik einzuräumen bereit waren, geben die folgenden Sätze Aufschluß: »Wir Futuristen haben die Musik der großen Meister alle sehr geliebt. Beethoven und Wagner haben jahrelang unsere Herzen erschüttert. Aber jetzt haben wir von ihnen genug. Uns wird viel größerer Genuß aus der idealen Kombination der Geräusche von Straßenbahnen, Verbrennungsmotoren, Automobilen und geschäftigen Menschenmassen als aus dem Wiederhören beispielsweise der EROICA oder der PASTORALE... Fort, verlassen wir den Saal, denn wir können nicht länger unseren Wunsch bändigen, endlich eine neue musikalische Realität zu schaffen, indem wir tönende Ohrfeigen verteilen und Geigen, Klaviere, Kontrabässe und jammernde Orgeln beiseite... schieben. Hinaus!«[92]

Vor diesem Hintergrund gab es für die Futuristen keine Diskussionen über die Aufführung klassischer Stücke.

11. Die Eisenbahn veränderte Sehen und Denken

»Die Blumen am Feldrain sind keine Blumen mehr, sondern Farbflecke, oder vielmehr rote und weiße Streifen; die Getreidefelder werden zu langen gelben Strichen; die Kleefelder erscheinen wie lange grüne Zöpfe...«
Aus einem Brief von Victor Hugo, geschrieben auf einer Eisenbahnreise am 22. August 1837.

Das Erleben bis dahin unbekannter Geschwindigkeiten durch die Eisenbahn brachte neue Dimensionen in die menschliche Wahrnehmung. Das gilt auch für den Umgang mit Musik. Adorno trat mit folgendem Argument für ein schnelles Spielen ein: »Die Interpretation muß umso rascher werden, je konsequenter sie auf Formkonstruktion ausgeht und auch die Partikel formkonstruktiv erfaßt. Die Zuordnung von großen Formteilen zueinander, ja oft schon der Bau eines Teilganzen, einer bestimmten melodischen Gestalt, wird erst in einem Tempo deutlich, das diese Teile nicht mehr als autonome Einheiten gibt... Es mag der wahre Sinn der heute unabweislichen Tempobeschleunigung sein, die als organisch verlorene Einheit der Werke konstruktiv nochmals zu erzeugen, indem im zerfallenen Kunstwerk die dissoziierten Teile dicht aneinander rücken und Schutz suchen beieinander.«[93]

Was sind die »dissoziierten Teile«, die »dicht aneinanderrükken«? Gewinnt man Einheit, Zusammenhang, »Formkonstruktion«, indem man die Einzelheiten eng aneinanderschiebt? Und das via *Geschwindigkeit*?

Zur Zeit der Entstehung der klassischen Werke dachte man, wie die Rezensionen aus der Beethoven-Zeit zeigen, darüber anders. Punkte werden nur dann zu Strichen, Räder, Propeller oder Ventilatoren sehen nur dann wie Kreise aus, aufeinanderfolgende Bilder formieren sich nur dann zu fließenden Bewegungen, wenn die dafür erforderliche Geschwindigkeit gegeben ist. Die Einzelpunkte sind nicht mehr wahrnehmbar. Eine solche Geschwindigkeit läßt sich jedoch mit der menschlichen Körperkraft oder mit der Stärke leibhaftiger Pferde nicht herstellen, sondern nur mit Hilfe von Dampfkraft, Elektrizität oder Raketen. Vor der Erfindung der Eisenbahn nahm man bei der Fortbewegung die einzelnen Punkte am Feldrain und die Speichen der Räder wahr. Man dachte in Einzelpunkten und registrierte auch beim Musikhören Einzelheiten, von denen man sich affizieren ließ.

Was wir heute als klassische Architektur in der Musik zu betrachten pflegen, zum Beispiel eine Beethovensche Symphonie, wurde in ihrer Entstehungszeit gleichgesetzt mit einer pindarischen Ode[94]; deren Charakteristika waren Erhabenheit der Gedanken und im Formalen »anscheinende Unordnung«, die in der »Ausführung etwas abgebrochen und einem gemeinen Auge unmethodisch« erscheinen mochte. Es war selbst den Zeitgenossen Beethovens nicht immer leicht, dieser »anscheinenden Unordnung« zu folgen. Der Beethoven-Verehrer Amadeus Wendt beurteilt es als »Beethovens große Verirrung«, daß viele seiner Werke als Phantasien aufgefaßt werden können, in denen »auch der aufmerksame Zuhörer den Grundgedanken oft ganz aus den Augen« verliert; »er findet sich in einem herrlichen Labyrinthe, wo auf allen Seiten üppiges Gebüsch und wunderseltne Blumen den Blick auf sich ziehen...«[95]

Wäre dem Zuhörer geholfen, wenn er statt der Blumen Striche und statt der Gebüsche grüne Zöpfe wahrnähme? Interessant und »herrlich« ist das Labyrinth nur, wenn die Einzelheiten registriert werden können.

Die durch die Eisenbahn erlebte Geschwindigkeit hat unser Denken verändert: »Heute sind die wissenschaftlichen Theorien die Künste, die Empfindungen von diesem Begriff beherrscht, den wir akzeptieren ohne ihn zu analysieren, weil er uns völlig klar und einfach erscheint«, schreibt Paul Morand[96].

Auch Adorno erliegt diesem Wandel. Bei einer Aufführung

im nicht sehr schnellen Tempo hört er die Einzelheiten, nicht aber den Zusammenhang, sieht er die einzelnen Bilder, nicht aber den Film. Deshalb möchte er die »dissoziierten Teile dicht aneinanderrücken«, möglicherweise möchte er selber »Schutz suchen« vor einem *Horror vacui*, der entsteht, wenn sich die Punkte nicht zu Strichen, die Einzelbilder nicht zum Film beschleunigen.

In den Zeiten vor der Erfahrung, die die Eisenbahn vermittelte, also vor der Steigerung des menschlichen Tempos mit Hilfe der Dampfkraft auf das Doppelte oder Dreifache, war das anders. Man genoß das Detail.

Die Fortbewegung im Eisenbahntempo vermittelte noch eine andere, ganz besondere Erfahrung: »Sie [die Bahnen] kennen nur Abfahrt, Aufenthalt und Ankunft als Orte, und die liegen gewöhnlich weit voneinander entfernt. Mit den Räumen dazwischen, die sie voller Geringschätzung durchqueren und denen sie nur einen nutzlosen Anblick bieten, verbindet sie nichts«, stand um 1840 in einem französischen Wochenblatt geschrieben[97]. Im Winter brachen die Pariser in den Süden auf und hatten nur blauen Himmel und das Meer vor dem geistigen Auge. Mallarmé beschrieb diese Reisenden 1874/75 in der von ihm redigierten Zeitschrift »La dernière mode« als ein »schweigendes, eingemummtes, fröstelndes Volk, das keinen Blick hat für die unsichtbare Landschaft der Reise. Sie träumen einzig davon, Paris zu verlassen und anzukommen, wo der Himmel klar ist.«[98]

Der Engländer John Ruskin äußert sich zu den Eisenbahnreisenden folgendermaßen: »Mit der Eisenbahn zu fahren sehe ich überhaupt nicht mehr als ›reisen‹ an; es bedeutet vielmehr, an einen bestimmten Ort ›geschickt‹ zu werden, man wird zum ›Paket‹.«[99] Eine Karikatur von Daumier mit dem Titel *Abteil* zeigt die Reisenden wie Pakete auf ihren Sitzen hängen.

Zwischen Start und Ziel geschieht nichts – eine Krimiästhetik. Man möchte das Ende am liebsten sofort wissen und liest die letzte Seite wahrscheinlich zuerst. Die Zeiten, da man zum

H. Daumier
Abteil,
um 1840

»Augenblicke sagen« möchte, »verweile doch, du bist so schön«, sind vorbei. Augenblicke werden überhaupt nicht mehr wahrgenommen – der Triumph der Zielstrebigkeit und des linearen Zeitdenkens. Diese werden innerhalb des modernen Wirtschaftslebens und der industriellen Produktion mit größtem Lob bedacht, wie jeder weiß.

Es entsteht – nach Sloterdijk – das »planetarische Subjekt der Mobilmachung, der vor Fitneß zitternde, schmerzgehärtete, neusachliche Hochleistungstyp in seinem dezidierten Einsatz für das sich exaltierende, rüstende, nach vorn werfende (man sagt auch: in die Zukunft blickende) Aktionssystem (ob dieses Betrieb, Klasse, Volk, Nation, Block und Weltstaat heißt, ist gleichgültig)«[100].

Und in dieses *System* soll – in der Vostellung Adornos –

85

»ältere Musik« durch immer schnelleres Spielen eingepaßt werden.

Es hat stets Individuen gegeben, die versucht haben, sich der Tempophobie, der Linearität der Eisenbahn, der Linearität der Geschichte und des Fortschritts zu entziehen. Gustave Flaubert langweilte sich derart in der Eisenbahn, daß er nach fünf Minuten schon vor Stumpfsinn heulte. Die Großmutter des Ich-Erzählers in Prousts AUF DER SUCHE NACH DER VERLORENEN ZEIT weigert sich, *geraden Wegs* nach Balbec zu reisen. Der französische Schriftsteller Théophile Gautier setzte das kapriziöse *zigzag* gegen die Diktatur der geraden Linie[101].

Es gab Absagen an Zeit und Geschwindigkeit, ostentative Demonstrationen des Luxus, *Zeit zu haben.*

Da war der Dandy, der mit einer Schildkröte an der Leine durch Paris flanierte. Da reimte die Leipzigerin anläßlich der ersten Eisenbahn: »Ach geht mir mit der Eisenbahn! Was soll die große Eile? Wer fährt, will sich des Fahrens freun und ordentlich durchrumpelt sein, zwei Stunden auf die Meile.«[102]

Solche Lebensäußerungen entsprechen Sloterdijks Ansicht, daß die richtige Bewegung die »minimale Bewegung« ist, die zu erreichen aber umfassender »Demobilisierungsübungen« bedarf.

In zwei Äußerungen ist der Weg des europäischen Menschen innerhalb eines Jahrhunderts umfassend beschrieben – Joseph Eichendorff sagt in AHNUNG UND GEGENWART: »Das Reisen ist dem Leben vergleichbar. Das Leben der meisten ist eine immerwährende Geschäftsreise vom Buttermarkt zum Käsemarkt; das Leben des Poetischen dagegen ein freies unendliches Reisen nach dem Himmelreich.«

Dagegen Werner Sombart über den *Bourgeois*: »Vor den Augen jedermanns steht das Bild dieser bis zum Wahnsinn arbeitenden Menschen, sie mögen Unternehmer oder Arbeiter sein, daß sie beständig vor Überanstrengung zusammenzubrechen drohen. Und immer sind sie in Aufregung und Hast. Tempo, Tempo! Das ist das Losungswort unserer Zeit geworden. Das bis zur Raserei gesteigerte Vorwärtsgehen und Stürmen ist ihre Eigenart.«[103]

Geschrieben 1913, gleichzeitig mit den futuristischen Manifesten und ein Jahr vor Ausbruch des Ersten Weltkrieges.

Paul Virilio, der französische Kulturkritiker, zitiert in diesem Zusammenhang ein geflügeltes Wort aus Mesopotamien:

»Das Land besitzt, wer schnell ist.«[104]

Sloterdijk spricht von dem »geschichtemachenden Gemisch aus Optimismus und Aggressivität«, das »mit revolutionärer Wirkung in den Weltlauf eingreift«[105].

12. Virtuosen

Die Virtuosen gehörten noch bis zum Beginn des 19. Jahrhunderts in die Vergnügungsbranche, nicht auf das Podest der ernsten klassischen Kunst. Sie traten an den gleichen Stellen auf, wo Gaukler, Schausteller, Zauberer und Spaßmacher das Publikum unterhielten und amüsierten: auf Marktplätzen, Tanzböden, in Zunfthäusern und Wirtschaften. Die ernste Kunst hatte ihren Platz bei Hofe, an der Universität und in der Kirche. Sie wurde von den Verfassern selbst (Literaten oder Komponisten), gegebenenfalls mit Unterstützung der Hofgesellschaft, vorgetragen; in anderen Fällen wurde sie mit fest angestellten Musikern – bei Orchestern – oder mit Laien, die in einem anderen Beruf ihr Auskommen hatten, zur Vorführung gebracht. Die Virtuosen zogen hingegen durch die Lande, produzierten sich, wo Gelegenheit dazu war, und mußten den Zuschauern gefallen – sonst blieb die Kasse leer.

Sie boten auf, was leichtes Vergnügen zu versprechen schien: Sie führten Affen oder Bären, Liliputaner, radschlagende Kinder, in Gold- und Silberkostümen prangende Mohren mit sich und spielten zu oder zwischen den Auftritten der Anderen Musik. Man verstand damals eine Menge vom Show-Geschäft.

Daniel Steibelt zum Beispiel, ein bekannter Klaviervirtuose um 1800, reiste mit einer schönen Engländerin, die er als seine Frau ausgab und die Tambourin spielte. Steibelt hatte Stücke für sich und seine Begleiterin komponiert. Die Männer waren hingerissen von dem schönen, vollen Arm der Tambourinspielerin, woraufhin die Damen Steibelt alle Tambourins, die er bei sich hatte, abkauften – einen ganzen Wagen voll –, um ähnliche Furore machen zu können.

Als Musiker präsentierten diese Virtuosi, was sie für atemberaubend hielten: die Sänger lange, hohe und schnelle Koloraturen und Triller, die Instrumentalisten alles, was die Finger hergaben. Der Klavierspieler Gelinek – übrigens ein Schüler von Mozarts Vater Leopold – hatte sich etwas Besonderes ausgedacht, um seine Fingerfertigkeit zu demonstrieren: er trug beim Klavierspielen an allen Fingern so viele Ringe wie möglich. Während seines schnellen Spiels verlor er sie alle, sie waren verstreut im ganzen Raum. Sodann bat Gelinek die Zuhörer, die Ringe für ihn zusammenzusuchen, damit sie am eigenen Leib merkten, was der Pianist geleistet hatte.

Und die Violinisten setzten auf den Saiten ihr ganzes Hexenwerk in Szene, prestissimo, versteht sich. Der bejubelte Meister dieser Zunft war Paganini; er spielte jeweils gerade so rasend oder so verhalten, wie es nötig war, um den Pegel der Begeisterung beim Publikum auf dem Höhepunkt zu halten. Er war einer der Ersten, der Werke von Beethoven im Konzert vortrug; gewöhnlich übersprang er allerdings die langsamen Sätze und die getragenen Stellen, weil das Publikum dann anfing, sich zu unterhalten.

Jener Ruch von Zirkus, der auf die Unterwerfung des Publikums durch halsbrecherische Kunststücke zielt, ist der Instrumentalistengilde bis heute erhalten geblieben. Man hält sich zwar mittlerweile – soweit es um die Sparte der klassischen Musik geht – an Vorlagen, nämlich an die Werke mehr oder weniger berühmter und meist längst verstorbener Komponisten, und spricht von Ausdeutung, Darstellung oder Interpretation; allein, das Akrobatische des Prestissimo ist nach wie vor tragendes Element der Darbietung. Dabei sind die Instrumentalisten, Sänger und Dirigenten längst Berufsmenschen mit dem Arbeitspensum und dem Terminkalender eines Industriemanagers; in der gesellschaftlichen Achtung rangieren sie möglicherweise noch höher – jedenfalls haben sie mit ihren Vorfahren, dem umherziehenden Gauklervolk, nichts mehr gemein.

In der zweiten Hälfte des 18. Jahrhunderts begann sich in der Musikwelt ein Wandel zu vollziehen, weil nicht mehr nur die Komponisten selber ihre Stücke spielten. Der Bericht

Mozarts über die Mißinterpretation seiner Musik durch den Abbé Vogler ist eines der frühesten Beispiele für die Verzweiflung des Komponisten angesichts dieser Entwicklung: Er raufte sich die Haare über das, was ein anderer aus seiner Schöpfung machte. Der Abbé Vogler hatte möglicherweise gar nicht die Absicht, dem Komponisten W. A. Mozart eines seiner Stücke *werkgetreu* vorzuspielen; es ist viel wahrscheinlicher, daß er seine eigene Fertigkeit auf dem Instrument, seine Brillanz und Virtuosität vorführen wollte.

Die Spieler erlaubten sich auch, Veränderungen an den Stücken vorzunehmen – Auszierungen, Umstellungen, oder, wie Paganini, Abkürzungen; etwas schneller oder langsamer zu spielen war daran gemessen eine läßliche Sünde. Freiheiten gegenüber dem Notentext waren noch bei Czerny gang und gäbe. Erst angesichts der Werke Beethovens und nach einer persönlichen Zurechtweisung durch den von ihm verehrten Meister gelobte Czerny, sich nie mehr einen Eingriff in eine Komposition zu erlauben. Das war 1842. Franz Liszt bekennt ebenfalls, daß er in seiner Jugend, also etwa bis 1840, Beethovens Sonaten verziert und virtuos erweitert zum Vortrag gebracht habe. Ignaz Moscheles dringt dagegen in seiner Klavierschule (1837) energisch darauf, daß der Notentext genau erhalten bleibe. Seither bekennt sich ein Teil der Musiker zu der Verpflichtung, das Werk eines Komponisten aufs I-Tüpfelchen korrekt, *werkgetreu* zu spielen. Der andere Teil, die *Musikanten*, sind in die Improvisationssparte, in den Jazz, die Rockmusik oder in einen Zweig der Unterhaltungsbranche abgewandert.

Als zu Mozarts und Beethovens Zeit diese Entwicklung einsetzte, war der Unterschied der beiden Sparten noch keineswegs deutlich. Man muß wohl den Abbé Vogler mit seiner Mischung von Schaustellerei und Erfüllung des Notentextes einer festliegenden Komposition als für jene Phase typisch ansehen: Alle, auch die Berufsmusiker, strebten nach größerem virtuosem Vermögen, nach mehr Bravour und Brillanz, und arbeiteten dafür bis zu 16 Stunden am Tag. Daß sie die auf solchem Wege neu erlernten hohen Tempi und die größeren Lautstärken bei jeder Gelegenheit vorführten, selbst wenn sie von Komponisten festgelegte Stücke spielten, verwundert dabei nicht. Die Virtuosen wußten vermutlich kaum, daß sie oft an der Vorstellung der Komponisten vorbeispielten; vielleicht glaubten sie sogar, der Musik etwas Gutes zu tun, sie nämlich attraktiver zu machen. Aber kaum taten sie das, da meldeten sich die Kenner zu Wort und zeterten über die Verunstaltung der verehrten Werke: Die Komponisten selber als erste (Mozart und Beethoven), dann ihre Statthalter (zum Beispiel Anton Schindler, Otto Jahn oder Adolf Bernhard Marx) – die zitierten Konzertberichte mögen als Beleg genügen.

Berühmteste Musiker haben sich auf eine derartige Vermischung von mehr oder weniger selbstherrlicher Virtuosität und annähernd getreuer Darstellung einer Komposition eingelassen. Sloterdijk hat mit seiner Vision vom »selbstbetriebenen Betrieb«[106], vom »sich selbst startenden Subjekt«, vom »Rausch der Bewegungssteigerung« – dem auch die Musiker mit Haut und Haar verfallen sind – die Ursachen für solches Verhalten zu erklären versucht.

Franz Liszt, der Prototyp des Klaviervirtuosen, spielte offenbar nicht sonderlich schnell. An die Fürstin Sayn-Wittgenstein schrieb er am 26. Oktober 1876 über die KLAVIERSONATE OP. 106 von Beethoven, die sogenannte HAMMERKLAVIERSONATE, daß sie »aus vier Stücken von siebzig Druckseiten bestehe und fast eine Stunde« dauere. Die Schallplatteneinspielung von Arthur Schnabel aus dem Jahre 1927 dauert 40 Minuten. Liszt dirigierte auch langsam, was sich anhand der Kommentare zu seinen Interpretationen von Beethoven-Sinfonien nachweisen läßt:

»So meint der Referent der ›Allgemeinen Musikalischen Zeitung‹, daß die Beethovenschen Sinfonien ›in langsameren Tempos genommen wurden, als man es allgemein gewohnt war‹, er fügt hinzu: ›mit überraschendem Gewinn für die Wirkung‹. An einer anderen Stelle heißt es: ›Sein Feuergeist dämpfte sich... zu ächt künstlerischer Ruhe und Besonnenheit, ohne an Kraft und Lebendigkeit zu verlieren.‹«[107]

Habeneck in Paris und Mendelssohn in Leipzig dirigierten schnell. Anton Schindler kritisierte Mendelssohns Aufführung der 9. SYMPHONIE von Beethoven auf das schärfste, weil er alle Allegro-Sätze überhetzt fand.

Schumann bevorzugte das langsame Spiel. Er rügte an Clara zuweilen, daß sie zu schnell sei, und wenn sie mit Mendelssohn vierhändig spielte, verging ihm wegen des Tempos »hören und sehen«.

Bei Clara Schumann (1819–1896) standen Virtuosität und korrekte Darstellung von großen Werken in ganz besonderem Widerstreit. Als sie 1837 ihr erstes Konzert in Wien gab, schmolz Hanslick dahin: »Eine halb erblühte Rose mit allem Reiz des Knospens und dabei mit dem vollen Duft einer entfalteten Centifolie! Kein Wunderkind – und doch noch ein Kind und schon ein Wunder. Es war wieder eine neue ungeahnte Ansicht der Virtuosität.«[108] Er lobte sie dafür, daß sie nicht nur, wie damals üblich, Opernparaphrasen spielte, sondern auch Werke von großen Komponisten, zum Beispiel von Beethoven. Franz Grillparzer verfaßte ein Gedicht auf sie und ihre Interpretation der APPASSIONATA von Beethoven.

1856, nach dem Tod Robert Schumanns, begann Clara ihre Konzertkarriere – sie reiste durch ganz Europa, über weite Strecken schon mit der Eisenbahn, und kam auch wieder nach Wien. Sie war keine *knospende Rose* mehr und hatte in zwanzig Jahren möglicherweise ihren Musikgeschmack verändert, oder sie hatte ihn einfach den Zeitströmungen angepaßt; gerade in Wien wurde sie schärfstens angegriffen.

Anton Schindler ging besonders hart mit ihr ins Gericht[109]. Er spricht von dem »seit mehr denn zwanzig Jahren von dieser Künstlerin arg mißhandelten Tondichter« Beethoven, der durch eine neuerliche Kritik an Frau Schumann, »der hochgefeierten und maßlos überschätzten Künstlerin«, nun gesühnt werde. Schindler zitiert die Besprechung der Wochenschrift »Recensionen und Mittheilungen über Theater und Musik« vom Februar 1856 über einen Klavierabend von Clara Schumann mit Beethovens SONATE D MOLL OP. 31,2 und der C-DUR SONATE von C. M. von Weber. Der Rezensent beklagt ihre »eisig kalte Betonung« im Adagio und ihr »unverantwortliches künstlerisches Vorgehen« im Finale der Beethoven-Sonate. »Frau Schumann verwandelte das vorgeschriebene Allegretto in ein Prestissimo, daß es ihrer staunenswerthen Fingerfertigkeit unmöglich ist, ihn durchzuführen... Das Überstürzen der Passagen, wie in jenem Beethoven'schen neuerfundenen Prestissimo und im Weberschen Rondo aus der C-DUR SONATE ist blos die leidige Folge jener unwiderstehlichen Sucht der gesammten jetzigen Musikwelt, jedes Tempo schneller zu nehmen, als der Componist und die einfachsten Gesetze der Natur, der Kunst, der gesunden Vernunft es gestatten.«

Zu diesem Konzert nahm auch Eduard Hanslick Stellung, der Clara bei ihrem ersten Auftreten in Wien so überschwenglich gefeiert hatte: »...Ferner fanden wir ihre Neigung zur Beschleunigung der Tempi allzusehr vorgeschritten...«[110]

Über ein zweites Konzert in Wien schrieb Hanslick: »...Die unbezwingliche Lust am schnellsten Tempo, am sogenannten Jagen, zeigt sich unter anderem in dem hierdurch unklar gewordenen SCHERZO A CAPRICCIO von Mendelssohn...«[111]

Und die Zeitschrift »Recensionen und Mittheilungen über Theater und Musik« äußert sich folgendermaßen zu Claras Künsten: »...Wer von den Zuhörern wäre im Stande gewesen, dem ersten Stücke der KREISLERIANA in diesem Tempo zu folgen? Schumann schreibt ›forte‹ vor und bezeichnet überdies den Anfang jeder Triole mit einem Accent; ein Presto wie das der Frau Schumann, läßt aber nicht das geringste Verweilen auf der Taste zu, und würde selbst einem Dreyschock oder Rubinstein [Anton] das Forte und die Accente unmöglich machen.«[112]

Die Bemerkung über die Akzente läßt ahnen, wie ursprüngliche Spielgepflogenheiten in Vergessenheit gerieten: Clara Schumann wußte offenbar nicht mehr, daß Akzente ein *Verweilen* und nicht ein *Knallen* kennzeichnen sollten.[113]

Anläßlich von zwei Klavierabenden Clara Schumanns in Frankfurt im Jahre 1854 bemerkte Schindler[114]: »Der Eindruck vornehmlich bei den Beethovenschen Werken und dem Weberschen Rondo, war bei allen Verständigen ein peinlicher und nicht eine Stimme wagte ein billigendes Urtheil über solch unkünstlerisches Verfahren mit classischer Musik...« Man kam zu der Überzeugung, »daß Frau Schumann in jedem Betracht mit dem großen Haufen der Virtuosen gehe und classische Musik im buchstäblichen Sinne des Wortes nur abhetze, nicht darstelle...«

»In Anbetracht der Zustände in der gesinnungslosen hundertzüngigen Kunstkritik« erbat Schindler von »zwei zu Frankfurt lebenden Kunst-Veteranen von anerkanntem Verdienst« deren Urteil über Clara Schumanns Interpretation des Es-Dur Klavierkonzerts und der Waldsteinsonate von Beethoven unter besonderer Berücksichtigung der Tempi.

Dr. Aloys Schmitt, einer der beiden Befragten, antwortete, daß Clara Schumann »das Beethovensche Es-Dur Konzert viel zu sehr übereilt hat; eben so die Sonate in C-Dur von Beethoven, wodurch aller Charakter zu Grunde ging...«

Schnyder von Wartensee schickte als Antwort: »Nach meiner Ansicht hat Frau Schumann im Vortrag des Beethoven'schen Concerts die Grenzlinie der größtmöglichen Schnelligkeit in der Ausführung desselben, über welche die Intention des Componisten vernichtet worden wäre, nicht überschritten aber berührt. Weniger schnell wäre besser gewesen. Die Sonate op. 53 hat sie hingegen im Allegro con brio und Rondo, Allegro moderato, viel zu schnell, das am Ende folgende Prestissimo verhältnismäßig zu langsam, vorgetragen, wodurch ihre Leistung allerdings in Beziehung auf die beiden zuletzt genannten Stücke das Werk von Beethoven zu einer Art Salonmusik stempelt.«

Schindler zieht die Folgerung aus den von ihm erbetenen Kommentaren: »Und mit diesen Mängeln behaftet konnte diese Pianistin für das größte Muster in Beethovens Musik proklamiert werden.«[115]

Viele zeitgenössische Berichte lassen darauf schließen, daß Clara Schumann bei der Entwicklung der Virtuosität, soweit sie das Anziehen der Tempi betraf, besondere Bedeutung zukommen. Diese Vermutung kann erst jetzt geprüft werden, nachdem die Biographie »Clara Schumann« von Eva Weissweiler erschienen ist. Vielleicht gibt diese Materialzusammenstellung außerdem Aufschluß über die Frage, was Clara Schumann in diese Rolle drängte – als Tochter des Klavierlehrers Friedrich Wieck, als Gattin eines Komponisten, als Mutter von acht Kindern, nicht zuletzt als Frau überhaupt.

Es waren und sind nicht allein die Pianisten, die durch zu schnelle Tempi die klassische Musik unkenntlich machen, sondern auch die Orchester. Schindler wurde bereits als Kritiker der hohen Geschwindigkeiten von Mendelssohn zitiert – der Mozart-Biograph Otto Jahn legte 1854 den Finger ebenfalls in diese Wunde[116]:

»Ein Grundschaden für alle Leistungen des Orchesters ist das Ueberhetzen der meisten Tempo's, welches – leider nach Mendelssohns Vorgang – hier immer mehr um sich gegriffen hat, und wofür es einen schlechten Ersatz gewährt, daß gelegentlich auch das Tempo entsetzlich verschleppt wird. Daß ein solch hastiges Abjagen, was doch niemand mit Feuer und Leidenschaft verwechseln wolle, meistens schon an sich einen Mangel an richtiger Auffassung bekundet und den Charakter und die Bedeutung der Composition gar nicht zur Erscheinung kommen läßt, versteht sich eben so sehr, als daß der Ton und Klang, wesentlich beeinträchtigt, nie zu seinem Rechte kommt. Ist diese Rapidität wenigstens eine Virtuosität des Orchesters, so mag man darüber staunen. Allein bei uns steht die Sache ganz anders. Das Orchester ist nicht im Stande, schwierige Sachen in Schnelligkeit vollkommen herauszubringen, sie kommen nur halb zum Vorschein, das Detail wird vernachlässigt, und diese Art zu wischen und zu schlottern, es nirgends ganz genau zu nehmen, reißt überhaupt ein, eine feine Nuancierung und Schattierung findet nicht mehr statt und kann durch derbe, grobe Schlageffekte nicht ersetzt werden. Diese Hast und Eile verbreitet sich dann über die ganze Auffassung und Ausführung, liebevolle Sorgfalt und einsichtiges Eingehen vermißt man überall... Wo so die Erkenntnis der untergeordneten Verhältnisse fehlt, ist ein Erfassen und Darstellen des tieferen Gehaltes noch weniger zu erwarten.«

»... liebevolle Sorgfalt vermißt man...« Wenn Psychoanalytiker einem Menschen begegnen, der alles sehr schnell tut, dann fragen sie: Was hat er zu verbergen? Man kann auch fragen: Was fehlt ihm? Liebevolle Sorgfalt? Ist er, sind alle, die es betrifft, in ihrer Liebesfähigkeit behindert?

Paul Virilio formuliert die Situation ungeschminkt und rabiat, indem er behauptet, daß es »eine Kausalität zwischen Hypergeschwindigkeit und Hypergewalt« gibt, die Aggressivität voraussetzt und zur Folge hat. Furcht und Geschwindigkeit hängen zusammen. »So ist die ständige Erhöhung der Geschwindigkeiten nur die Wachstumskurve der Angst.«[117]

Erst in jüngster Zeit hat man angefangen, darüber nachzuden-
ken, wie sich die angestrebten Höchsttempi der Instrumentalisten zum neurologischen Vermögen des Menschen verhalten,
also die Frage zu stellen: Was vermag der menschliche Nervenapparat überhaupt?[118]

Die Antwort der Medizin ist desillusionierend: Die neurolo-
gische Reaktionszeit eines gut ausgeschlafenen und seelisch
ungestörten Menschen mittleren Alters liegt im statistischen
Mittel bei 250 bis 300 Millisekunden. Das ist jedoch die Zeit für
eine ganz einfache Reaktion, zum Beispiel für das Zurückzie-
hen des Fingers, nachdem er eine heiße Kochplatte berührt hat.

Jedes bewußte und kontrollierte Arbeiten, wie zum Beispiel
das Üben auf einem Musikinstrument, verlangt eine viel längere Reaktionszeit, weil es die Tätigkeiten umfaßt, Noten zu
lesen, den Ton zu spielen, ihn zu hören, eventuell zu korrigie-
ren und die korrigierte Wiederholung zu befehlen. Eine Tätigkeit, die aus solch vielerlei Einzelaktionen besteht, bedarf einer
Reaktionszeit von mindestens 500 bis 600 Millisekunden. Im
Vergleich dazu die Reaktionszeit, die im Straßenverkehr angenommen wird, die sogenannte *Schrecksekunde*: Seit fünf Jahren wird sie auf 1600 bis 1800 Millisekunden veranschlagt,
doch bestehen Überlegungen, diese Zahl heraufzusetzen.

Die Instrumentalisten muß es verblüffen zu erfahren, daß –
selbst bei der völlig unrealistischen Grundlage von 250 Millisekunden Reaktionszeit – ein Spieler in der Sekunde bewußt
und kontrolliert allerhöchstens vier Sechzehntelnoten produzieren kann, das heißt:

$$\text{♪ ♪ ♪ ♪} = \text{MM } 60$$

Alle höheren Tempi entsprechen dem Glissando auf dem Klavier, ähneln den gelben Strichen und grünen Zöpfen, die der
Eisenbahnreisende wahrnimmt, wenn er aus dem Fenster
blickt.

Diese Erkenntnis stellt den Sinn einer Instrumentalausbildung, die sich darauf konzentriert, höhere Spielgeschwindigkeiten durch Üben zu erreichen, in Frage. Bei einer solchen Ausbildung werden die neurologischen Grenzen des Menschen mißachtet. Das Ausbildungsziel ist offenkundig falsch.

Die Frage, wie lange ein *Zuhörer* braucht, um einen gespielten Ton zu registrieren, ihn im Zusammenhang mit anderen Tönen zu verstehen und gar auf ihn emotional reagieren zu können, wird bei alledem überhaupt nicht gestellt. Die Reaktionszeit eines Zuhörers wird von den ausübenden Musikern so gut wie nie bei ihrer Konzeption des sogenannten *angemessenen* Tempos in Betracht gezogen.

14. »Unausweichlich stets schneller und schneller«
Arnold Schönberg und Theodor W. Adorno

Den Virtuosen, Dirigenten und Sängern des Konzertbetriebs bis zum Ende des Ersten Weltkriegs ging es weniger um Authentizität als um die Füllung der Musik mit Gefühl und Gehalt, im Sinne dessen, was man in den Jahren des Wagnerrausches unter solchen Begriffen verstand. Das bezeugen unter anderem die Klassikerausgaben dieser Jahrzehnte: Die Spielvorschriften und Tempoangaben waren dem Original gegenüber zugunsten einer mehr oder weniger neuromantischen, nachwagnerianischen Ausdeutung verändert; in diesem Punkt gleichen sich alle Ausgaben jener Zeit, seien sie von Hans von Bülow, Eugen d'Albert oder Ferruccio Busoni; sie sind Inszenierungen auf dem Theater vergleichbar – die Editionen lieferten Anregungen für erhöhte Selbstdarstellungen.

Eine rigorose Änderung dieser Praxis bewirkte Arnold Schönberg (1874–1951). Es schmerzte ihn, als Komponist immer wieder zu erleben, wie wenig bei der Aufführung eines Werkes vom Willen seines Schöpfers übrig bleibt; das betraf seine eigenen Arbeiten, die seiner Zeitgenossen, aber auch – und das wurde enorm wichtig – die der Klassiker. Schönberg sah den Grund dafür, daß die Spieler den Willen des Komponisten so ungenügend erfüllten, in zwei Mängeln: in einem ungenauen Studium des Notentextes und in dem Fehlen ausreichender Proben. Um ein Exempel dagegen zu setzen, beraumte er 1917 »Zehn öffentliche Proben zur KAMMERSYMPHONIE OP 9« – einer eigenen Komposition – unter seiner Leitung an, ohne daß darauf eine Aufführung gefolgt wäre. Diese Vorgehensweise wurde zum Muster für die Praxis des »Verein[s] für musikalische Privataufführungen in Wien«, den Schönberg 1918 gründete. Es ging dort allein um das Kennenlernen von zeitgenössischen Werken, ohne Beifalls- oder Mißfallensbezeugungen, ohne Presse, ohne Öffentlichkeit; Zutritt hatten nur Mitglieder des Vereins – mit Lichtbildausweis.

Ein besonders wichtiger Punkt des Programms: »Die Einstudierung der Werke erfolgt mit einer im heutigen Konzertleben nicht zu findenden Sorgfalt und Gründlichkeit...«[119]

Zu den vier prominentesten Mitgliedern des Vereins gehörte nach Schönbergs eigener Aussage der Geiger Rudolf Kolisch (1896–1978)[120], der 1919 Schönbergs Schüler wurde. Er erhielt innerhalb der Arbeit des »Verein[s] für musikalische Privataufführungen« von Schönberg die Aufgabe, das f-Moll-Streichquartett von Beethoven den Satzungen des Vereins gemäß einzustudieren. Das wurde erst 1921 nach Auflösung des Vereins möglich, weil sich vorher nicht vier Streicher zu einer solchen Arbeit zusammenfanden.

Beim minutiösen Studium des Notentextes stieß man auch auf die von Beethoven stammenden Metronomzahlen, die Angaben für das Spieltempo. Um diese Zahlen hatten sich die Spieler in der Vergangenheit kaum gekümmert, man hatte sie höchstens mit Ratlosigkeit betrachtet, denn diese Metronomzahlen scheinen zu Tempograden zu verpflichten, die in vielen Fällen nicht ausführbar sind. Im Schönberg-Kreis nahm man diese Zahlen ernst und bemühte sich, das durch sie vorgeschriebene Tempo zu spielen. Man entdeckte dabei einen Beethoven, den es in der damaligen Zeit nicht gab, denn in keinem Konzert wurden solch hohe Geschwindigkeiten gespielt – eben weil man die Zahlen nicht beachtete, sondern das Tempo dem persönlichen Gefühl überließ. Rudolf Kolisch war der erste, der diese scheinbaren Tempoforderungen Beethovens mit seinem Streichquartett erfüllte. Er blieb bis zu seinem Lebensende ein Verfechter der Methode, historisch überlieferte Metronomzahlen in der Interpretation einzulösen, und das selbstverständlich nicht nur bei den Werken Beethovens.

Es war neu in der Interpretationsgeschichte, daß man den im Notentext festgehaltenen Willen des Komponisten derartig genau studierte und so ernst nahm. Diese Haltung erwuchs einesteils aus Schönbergs eigener Betroffenheit als Komponist, aus seinem ausgeprägten Interesse daran, daß alles, was in einer Partitur stand, auch hörbar gemacht wurde; andererseits paßte sie in eine Epoche, die als Neoklassizismus in Aufführungen zu Barock und Frühklassik wieder künstlerischen Kontakt aufnahm. Vorbilder der historischen, philologischen und musikgeschichtlichen Wissenschaften regten außerdem zu mehr Gewissenhaftigkeit im Umgang mit der Vergangenheit an. Am Beispiel J. S. Bachs hatte man erlebt, daß sich das Verständnis für den ursprünglichen Stil und für die ursprünglichen Inhalte durch das Zurückgehen auf den Bachschen Urtext und durch Wiederbenutzung historischer Instrumente, zum Beispiel des Cembalos, verändert und vertieft hatte.

Die ausübenden Musiker der zwanziger Jahre nahmen jedoch kaum Notiz von den neuen Erkenntnissen der Musikforschung. Das Selbstverständnis der Konzertpraxis jener Jahre läßt sich aus den Antworten ablesen, die 1926 auf eine Umfrage nach dem Nutzen und der Notwendigkeit von Metronomangaben eingingen, die von der Fachzeitschrift für Dirigenten »Pult und Taktstock« veranstaltet wurde. Die Äußerungen des Generalmusikdirektors Albert Bing sind besonders entlarvend und erregten Schönbergs bissigste Stellungnahme. Bing: »Über Vorteile, respektive Nachteile der Metronomisierung kann ich kein Urteil abgeben, da ich mich noch nie um eine derartige Bezeichnung gekümmert habe und überhaupt das Metronom, außer daß ich es in Schaufenstern habe stehen sehn, nicht kenne. Ein wirklicher Dirigent kann ein Werk nur so, *wie er muß*, zur Geltung bringen. Fehlt dieses Muß, so kann eine Metronombezeichnung keinesfalls eine unbelebte oder gar tote Interpretation ausschalten.«[121]

»Das ist so ziemlich das Schamloseste, was auf diesem Gebiet möglich ist«, kommentierte Schönberg[122]. »Das Recht der Interpreten; gibt es nicht auch ein Recht der Autoren? Hat nicht der Autor immerhin auch einen Anspruch darauf, seine Meinung über die Ausführung seines Werkes festzulegen, wo ja doch bei der Aufführung kein genialer Dirigent es unterlassen wird, sich über die Meinung des Komponisten hinwegzusetzen? ... Beethoven, Wagner und Reger ... Mindestens diese drei haben ihr schärfstes Mißtrauen gegen die Interpretationskünste ihrer Zeitgenossen – die meinigen konnten sie nicht ahnen; nein sie konnten es nicht! – ausgesprochen. Aber an so einen Haderlumpen wie diesen Bing oder Bang, oder wie der Bursche heißt, kann man kaum glauben, obwohl man weiß, daß es ihn gibt und obwohl er und seine Existenz berechnet werden konnte: die Wirklichkeit ist stärker.«

Schönberg wies mit giftigem Spott darauf hin, daß die Dirigenten seiner Zeit »gegen die Metronomisierung Sturm laufen«, weil diese »Dirigierkünstler dem schaulustigen Publikum« ihre Tänze vorführen wollten. Schönberg selber trat für die Erfüllung der Metronomvorschriften ein und verpflichtete sich sogar, Beethovens Zahl für das Adagio der 9. SYMPHONIE – ein sehr umstrittenes Tempo – »durchaus zu nehmen und immer das Cantabile zu wahren«. Er ließ übrigens die sogenannten *unspielbaren* Tempi der schnellen Sätze undiskutiert, ebenso die enormen Schnelligkeitsgrade, die bei Befolgung der Metronomzahlen entstehen.

Schönbergs aus der Praxis gewonnene Überzeugung, bis hin zu den Metronomzahlen für die absolute »Treue zum Text« einzutreten, wurde theoretisch abgestützt von Adorno. Der philosophierte [123], daß vergangene Musik »unausweichlich stets schneller und schneller gespielt« werden müsse. Schon die Notenschrift beweise das: »Sie hat seit dem Mittelalter sich mehr und mehr verkleinert. Die Größenmacht der Longa und der Brevis schrumpft zusammen; jene ist längst vergessen, diese fristet ihr Dasein kümmerlich in Kompositionen archaisch-sakraler Haltung. Die Semibrevis ist uns als ganze Note seit Beethoven verdächtig geworden, und erst die neoklassizistische Reaktion versucht wieder, sie uns aufzuschwatzen. Wo unsere Musik am aufrichtigsten ihren geschichtlichen Stand realisiert, läßt sie sich in Zweiunddreißigsteln notieren ...

Selbst unter Annahme absolut gleicher Tempi muß ältere Musik heute relativ auf die notierten Werte rascher gespielt werden...

Ihre spezifische Aktualität gewinnen die neuen rascheren
Tempi durch die Krisis des expressiven Pathos; vorab Beethoven gegenüber...«

Hier wird deutlich, daß Adorno die Musik Beethovens seiner
Gegenwart, der Dekade von 1930 bis 40 anpassen möchte, also
eine Beethoven-*Inszenierung* auf dem Stand der industriellen
Entwicklung jener Zeit befürwortet. Radikaler hätten es die
Futuristen nicht formulieren können.

15. Kritik am Primat der Geschwindigkeit

Die heftigste Kritik an der Unterwerfung unter den Primat der Geschwindigkeit kommt heute von kulturkritischer Seite. Der französische Dromologe (Geschwindigkeitsforscher) Paul Virilio stellt den Zusammenhang von Geschwindigkeit und Kriegführung heraus: Wie von alters her Schiffahrtswege, Straßen, Wagen oder Pferderassen verbessert wurden, um im Kriegsfalle schneller zu sein als der Gegner, ihn sogar erfolgversprechend angreifen zu können, wie Napoleon Chausseen ausbaute, wie in Europa und Amerika der militärische Aspekt der Eisenbahn die größte Aufmerksamkeit fand, so fügte es sich auch in der Theorie der Futuristen zusammen. Sie verkündeten nicht nur das schnelle Tempo als neue Herrlichkeit der Welt, sondern sie bemühten sich darüber hinaus, neben den Geräuschen des technisierten modernen Lebens auch »die Geräusche des modernen Krieges« in die Musik einzubeziehen. Das war 1914, am Vorabend des Ersten Weltkrieges! Paul Virilio formuliert [124]:

>»Geschwindigkeit ist das Wesen des Krieges.«

Sloterdijk sieht den Zusammenhang noch radikaler. Er bezeichnet den Prozeß der Beschleunigung als *Mobilmachung* [125]. »Wer an der militärischen Konnotation des Ausdrucks Anstoß nimmt, empfindet zunächst richtig: Mobilmachung *ist* eine Kategorie der Kriegswelt, sie umfaßt die kritischen Prozesse, durch welche ruhende Kampfpotentiale zur Einsatzbereitschaft gebracht werden... das kinetische Grundmuster dieses Vorgangs – als Selbstaktualisierung auf den Einsatz hin – ist keineswegs eine militärische Spezialität sondern das Grundprinzip sämtlicher moderner Selbstbewegungsunternehmungen... Genau dies ist der unheimliche Mobilisierungsvorgang, der alles, was Kraftreserve ist, an die

›Front‹ bringt und alles, was Potential ist, zur Realisierung vorantreibt... Dieser Begriff [der Mobilmachung] wird die Erinnerung an den Gewaltkern der szientifischen, militärischen und industriellen Spitzenprozesse wachhalten – gerade zu einer Zeit, da diese in ein smartes Stadium eintreten, wo die Gewalt informatorisch, cool prozedural und analgetisch wird.«

Adorno war dem Temporausch erlegen. Als er sich 1930 zum Tempo in der Musik äußerte, ahnte er offenbar nicht, was die Stunde schlagen würde. Er war den futuristisch-faschistischen Parolen mit keiner Silbe in die Quere gekommen, er lag vielmehr mit seiner Theorie absolut *im Trend*.

16. Aufführungsdauern

Uns interessiert bei den meisten Dingen, wie lange sie dauern –
auch bei Musik. Auf Schallplatten sind die Längen von Musik-
stücken in Minuten, auf Kassetten und Rundfunkbändern sogar
in Minuten und Sekunden angegeben. Im Opernprogrammheft
kann man lesen, Ende gegen soundsoviel Uhr, und weiß dann,
wie lange die Oper dauern wird. In vielen Notenheften ist mittlerweile unter jedem Stück notiert, wie lang es ist.

Das kann uns nicht verwundern, weil unser ganzes Leben in
abgeteilten Zeitblöcken verläuft: 8 Stunden Arbeit, ½ oder
1 Stunde essen, 2 oder 3 Stunden Fernsehen, 8 Stunden schla-
fen, und so weiter, bis zum alljährlichen Urlaub. Um innerhalb
dieser Zeitpakete zurechtzukommen, ist es durchaus wichtig zu
wissen, ob eine Sinfonie 20, 50 oder 90 Minuten, eine Oper 1 ½
oder 4 Stunden dauert.

Im Zusammenhang mit der Problematik von Spielgeschwindigkeiten ist es nützlich zu erfahren, wie lange die Aufführung
einer Sinfonie oder Oper früher, zur Zeit ihrer Entstehung ge-
dauert hat. Es sind noch nicht viele solcher Angaben wieder ans
Licht gekommen, vielleicht weil man sich erst seit kurzer Zeit
wieder für sie interessiert. Dank der jetzt einsetzenden Forschung dürften es in den nächsten Jahren mehr werden.

Ein sehr frühes Beispiel für die Zeitfestlegung bei einem
Musikstück gibt es beim Sonnenkönig. Ludwig XIV. bestellte
bei Richard de Lalande ein Tedeum, das nicht länger dauern
sollte als eine gewöhnliche Messe. Das Manuskript dieses Werkes enthält zu beinahe jedem Einzelteil eine Angabe der Dauer
in Minuten und Bruchteilen einer Minute.[126]

Von Händel existieren Notizen über die Spieldauern in seinem SOLOMON[127], aber auch Berichte über die Aufführungs-
länge seiner Oratorien. Die Aufführungsdauer der Opern Mozarts läßt sich an Hand wiederaufgefundener Metronomzahlen
errechnen.[128]

Hinsichtlich der Tempi in den Werken Beethovens äußerte Czerny[129]: »Wenn zu jener Zeit, als Mozart und Beethoven ihre Werke öffentlich spielten oder dirigierten, irgend Jemand auf die so leicht ausfürbare Idee gekommen wäre, die Dauer eines jeden Tonsatzes an der Uhr zu bemerken, und dann genau nach Minuten und Sekunden zu notieren, so hätten wir jetzt den zuverlässigsten Masstab, wie schnell jedes Tonstück nach dem Willen des Autors vorgetragen werden soll. Warum sollte dieses nicht von nun an möglich sein? Man kann leider nicht darauf rechnen, daß Jedermann einen Metronom besitze. Wenn aber der Spieler weiß, daß ein Tonstück z. B. gerade 8½ Minuten dauern muß, so wird er bei dem zweiten oder dritten Durchspielen genau finden, wie geschwind, oder wie langsam er das Tempo zu nehmen hat, um gerade diese Zeit auszufüllen. Eben so der Orchesterdirektor... Indem wir diese Idee hier flüchtig mittheilen, glauben wir, vielleicht eine Anregung gegeben zu haben... Es ist bekannt, wie häufig, besonders bei öffentlichen Productionen, das Tempo vergriffen wird...«

Ein Zeitgenosse Czernys und Beethovens, der Londoner Dirigent Sir George Smart, hat sich tatsächlich ans Werk gemacht, dies auszuführen. Zwischen 1820 und 1825 suchte er wiederholt Beethoven in Wien auf, um von ihm authentische Tempi für dessen Werke kennenzulernen. In London notierte er später die von ihm selbst gespielten Aufführungsdauern in die Partitur oder ins Programm. Diese Angaben bergen oft Falschinformationen, weil nicht immer zu erkennen ist, ob alle Sätze gespielt wurden, ob Wiederholungen ausgeführt oder weggelassen wurden. Es gibt jedoch einige Angaben, zu denen vermerkt ist, ob Wiederholungen gespielt wurden – diese Angaben sind verwertbar. Sie wurden in den sechziger Jahren von Nicholas Temperley[130] ausgewertet, so wie dieser es für richtig hielt: Temperley verglich nämlich die Aufführungsdauern Smarts mit den heute gängigen. Dabei kommt er zu dem Resultat, daß die Zeiten nicht sehr weit voneinander abweichen. Das kann durchaus stimmen, denn was landläufig heute gespielt wird, folgt weder in den schnellen Sätzen den hohen Metronomzahlen noch in den ruhigeren, *langsamen* Sätzen der *gehenderen* Tempovorstellung der Hochklassik; man spielt heute die schnellen Sätze langsamer, als dies die Metronomisierung vorzugeben scheint; und die langsamen Sätze, bei denen – wie noch zu zeigen sein wird – die Metronomzahlen richtig gelesen werden, spielt man, dem vielzitierten *Gefühl* folgend, ebenfalls zu langsam; dabei kommt in der Addition ein gar nicht so großer Unterschied zwischen der damaligen und der heutigen Aufführungsdauer – zum Beispiel für eine ganze Sinfonie oder Sonate – heraus. Das Verhältnis der Sätze zueinander ist jedoch falsch.

Da es darauf ankommt, zu kontrollieren, ob in der Entstehungszeit eines Stückes der Hochklassik die notierten Metronomangaben realisiert wurden, hat ein Vergleich der damaligen Aufführungsdauer mit einer heutigen nur dann Sinn, wenn es gelingt, eine heutige Interpretation zu finden, bei der die schnellen Tempi in den *schnellen* und die nicht so langsamen in den ruhigen Sätzen so ausgeführt werden, wie es in der damaligen Zeit nach der Behauptung der Schönberg-Kolisch-Schule geschehen sein soll. Und genau diese Gegenüberstellung fand bei Temperley nicht statt, weil er die landläufigen, tempomäßig auf irgendeinem undefinierbaren *Gefühl* beruhenden Aufführungen zum Vergleich heranzog. Darum zeigte sich wiederholt ein zunächst unerklärbares Phänomen, das Temperley korrekt beschreibt: Anscheinend wurden damals ab und zu die langsamen Sätze schneller und die schnellen Sätze langsamer gespielt als heute.[131] Er schiebt dieses Phänomen ratlos beiseite.

Mit der scheinbar wissenschaftlichen Absicherung durch die Metronomzahlen wird Musik seit den zwanziger Jahren unter Befolgung der Prinzipien der Schönberg-Schule *schnell* gespielt. Einer der gläubigsten und treuesten Gefolgsmänner von Schönberg und Adorno, Heinz-Klaus Metzger, postuliert in diesem Zusammenhang[132]: »Da Beethovens Tempi außerhalb jeder Vorstellung liegen, die man zu seiner Zeit mit den konventionellen Bezeichnungen verband und noch heute mit ih-

nen assoziiert... helfen allein seine Metronomziffern weiter.«
Metzger plädiert selbstverständlich dafür, diese hohen Geschwindigkeiten zu spielen.

Rudolf Kolisch praktizierte, wie bereits erwähnt, als erster
die Erfüllung der Metronomansprüche in Beethovens Kam-
mermusik und hielt bis zu seinem Lebensende 1978 alljährlich
in Mödling bei Wien Kurse, wo er für diese Interpreta-
tionsweise eintrat. Seine eigenen Tempovorschläge liegen oft
noch über den überlieferten Zahlen.

1927 begann der Pianist Arthur Schnabel, der mit Schönberg bekannt und befreundet war, die Klaviersonaten Beethovens im Tempo der Metronomzahlen, so wie sie damals verstanden wurden, einzuspielen; dabei brauchte er für die als *unspielbar* geltende HAMMERKLAVIERSONATE OP. 106 zwanzig
Minuten weniger, als Liszt es von sich berichtete.[133]

In den fünfziger Jahren dirigierte der Schönberg-Verehrer
René Leibowitz die Beethovenschen Symphonien nach den
Metronomzahlen und kam ebenfalls zu kürzeren Auffüh-
rungszeiten, als sie in jener Zeit üblich waren.

Es dauerte über dreißig Jahre, bis auch andere Dirigenten
sich zu einem solchen Vorgehen entschlossen. Michael Gielen
dirigierte 1987 die EROICA in 43 Minuten.

Und so lange brauchten andere Dirigenten für die EROICA:

Klemperer	53′20″
Bernstein (in New York)	49′30″
Bernstein (in Wien)	53′20″
Furtwängler	52′25″
Bertini	51′05″
Karajan	50′10″
Böhm	49′45″
Toscanini	45′50″
Max v. Schillings	45′
Michael Gielen	43′
Ludwig van Beethoven (bei der Uraufführung[134])	60′

Beethovens Zeitgenossen beklagten sich über die *Länge* dieses Werks, auch die Siebente[135] fand man mit ihren vier Sätzen zu je einer Viertelstunde zu lang. Toscanini hat schon vor einigen Jahrzehnten diese Sinfonie in 35 Minuten geliefert.

Ähnlich urteilten die Zeitgenossen über die Neunte: »Welches Musikstück, das eine Stunde und zwanzig Minuten dauert, könnte man wohl ohne Ermüdung hören?«[136] Das war 1828 in London. Michael Gielen dirigierte Beethovens Neunte in Frankfurt und im Fernsehen – in 57 Minuten.

Die sehr hohen Tempograde sind heute dank besserer Trainingsmethoden – wie beim Sport – und dank des Arbeitsethos der Spieler weitgehend ausführbar. Das Zauberwort heißt, wie bei den Virtuosen der ersten Stunde, *unverdrossen üben*. So klingt es schon bei Hans von Bülow an, Kolisch äußert sich ähnlich, ebenso Claudio Arrau, Alfred Brendel... wer anderer Ansicht ist, kommt in den Verdacht aufzuschneiden. Bei der Instrumentalistenausbildung an den Musikhochschulen spielt – wie in den Anfangszeiten der Virtuosität – die Anzahl der Übestunden die wichtigste Rolle, denn die Metronomzahlen müssen unter allen Umständen gespielt werden – bei einem Wettbewerb braucht man sonst gar nicht erst zu erscheinen. In den Konzertsälen, von den Schallplatten, aus den Radios tönt uns die Musik der Vergangenheit in diesen hohen Geschwindigkeiten entgegen.

Zügig heißt das. Die Ermahnungen der Kritiker gehen oft dahin, daß eine Interpretation nicht *zügig* genug – gemeint ist, nicht *schnell* genug – sei. Dabei wird kein Komponist und keine Epoche ausgespart: Alle, von Bach bis Prokofieff, erhalten die gleichen Tempi für presto oder allegro – eben *schnell* nach dem heutigen Verstande und Vermögen.

Das lineare Zeitdenken hat inzwischen die klassische Musik und ihre Interpreten voll im Griff.

17. Nicht nur schneller, auch höher

Wir spielen klassische Musik nicht nur schneller, sondern auch höher als zu ihrer Entstehungszeit. Das läßt sich an alten Orgeln und Stimmgabeln nachweisen. Tonhöhen werden nach der Anzahl ihrer Schwingungen in der Sekunde gemessen. Diese Schwingungen sind nach dem Entdecker der Rundfunkwellen, Heinrich Hertz (1857–1894), benannt und mit der Abkürzung Hz bezeichnet. Die Orchester stimmen heute a′ = 444 Hz, die Berliner Philharmoniker etwas höher, nämlich a′ = 447 Hz. Dieses a′ nennt man Kammerton. Er hat in den zurückliegenden 250 Jahren große Höhen und Tiefen durchlaufen.

Bald nach seinem Amtsantritt 1702 führte der Thomaskantor Johann Kuhnau (1660–1722), der Vorgänger Bachs in diesem Amte, den Kammerton für die Leipziger Kirchenmusik ein; er lag etwa einen Halbton unter dem heutigen. Es wurden Orgeln mit dieser Tonstellung gebaut, zum Beispiel die Dresdner Orgel von G. Silbermann.

Von etwa 1700 bis um 1820 war dieser Kammerton relativ konstant: Bachs Stimmton betrug (nach der Dresdner Sophienorgel) 415,5 Hz, Händels Stimmgabel hatte 422,5 Hz, die Berliner Stimmhöhe war 1752 422 Hz, Mozarts Stimmgabel gab 421,6 Hz, und die Pariser Stimmhöhe lag 1810 bei 423 Hz.

Nach 1820 stieg der Kammerton ständig. Entscheidender Grund hierfür waren die Holzblasinstrumente des Orchesters, die bei höherer Stimmung brillanter klingen. 1858 waren folgende Stimmhöhen erreicht: Paris 449 Hz, Mailand 451 Hz, Berlin 452 Hz, London 453 Hz. Um 1880 stimmte Steinway in New York seine Klaviere auf 458 Hz ein, gegenwärtig liegt man bei 442 Hz. Ab 1834 begann mit der »Naturforscherversammlung« – wir würden heute sagen *Physikerkongreß* – ein Reigen von Veranstaltungen, auf denen diese Erhöhung rückgängig gemacht werden sollte. Vor allem den Sängern ist daran gelegen. Sie sind die eigentlichen Leidtragenden dieser Entwicklung, denn das riskante hohe c'', das sie singen müssen, ist heute immer ein cis'', unter Umständen ein d''. Sie müssen höher *und* schneller singen – eine unvorstellbare zusätzliche Anstrengung zum Beispiel bei Koloraturen.

Verdi beteiligte sich 1885 an einer Stimmtonkonferenz, bei der er im Interesse der Sänger den Kammerton auf a' = 431 Hz festlegen wollte. Bei einer Konferenz 1936 in Italien beschloß man – nach der beschriebenen Erhöhung – diese Tonhöhe abermals, und trotzdem stieg die Einstimmung der Orchester schon bald von neuem auf a' = 440 / 444 / 447 Hz – auch in Italien. Neuerdings gibt es wieder Bestrebungen, von den berühmtesten Sängern der Welt unterstützt, den Kammerton auf 431 Hz zu senken. Sie stoßen auf massiven Widerstand der Orchester.

Wenige Ensembles für Alte Musik stimmen ihre Instrumente auf die historisch authentische Höhe. Man wird also noch eine Zeitlang träumen müssen von der Aufführung zum Beispiel einer Beethoven-Symphonie mit einem Orchester, das auf a' = 423 Hz gestimmt hätte, also einen halben Ton unter der heutigen Stimmung; und mit einer Zurücknahme des Tempos auf die Hälfte. Das gleiche steht für Mozarts Werk an. Bei Musik von Bach liegen die Dinge noch extremer: der Stimmton noch tiefer, nämlich bei 415,5 Hz, und das Tempo noch unter der Hälfte, wenn man die Beschleunigungen im 18. Jahrhundert, von denen Quantz und Türk sprechen, ebenfalls rückgängig machen würde.

18. Nur eine kurze Probe möglich

Akademie im Theater an der Wien mit Werken von Ludwig van Beethoven am 22. Dezember 1808. Die CHOR-FANTASIE OP. 80 wurde uraufgeführt. Es wurde ein Desaster, wie man der Beschreibung aus der »Allgemeinen Musikalischen Zeitung« und anderen Augenzeugenberichten entnehmen kann:

»Die Blasinstrumente variieren das Thema, welches Beethoven vorher auf dem Pianoforte vorgetragen hatte. Jetzt war die Reihe an den Oboen. Die Clarinetten verzählen sich, und fallen zugleich ein. Ein kurioses Gemisch von Tönen entsteht; Beethoven springt auf, sucht die Clarinetten zum Schweigen zu bringen: allein das gelingt ihm nicht eher, bis er ganz laut und ziemlich unmuthig dem ganzen Orchester zuruft: Still, still, das geht nicht! Noch einmal – noch einmal! und das gepriesene Orchester muß sich bequemen, die verunglückte Fantasie noch einmal von vorn anzufangen.«[137]

Anton Schindler kommentierte diesen Vorfall[138]: »Es ist die Erbsünde aller deutschen Orchester bis zum heutigen Tag, die sich in mangelhaften, ja meist schlechten Proben bekundet... War das correcte Abspielen der Noten in einer, wenn es hoch ging, in zwei Proben erreicht, dann mußte sich der Autor mit diesem Resultat begnügen... die Ausführung war durchweg eine mangelhafte...«

Schlechte Aufführungen beeinträchtigten die Premieren von mehreren Werken Beethovens:

Die erste Aufführung der 2. SYMPHONIE gelang nicht ganz, weil zuvor »nur eine kurze Probe möglich war«.[139] Anläßlich der Uraufführung der EROICA meinte der Rezensent, daß eine angemessene Ausführung »auch dem geübtesten Orchester nur dadurch möglich wird, daß es den Satz ›mehrmals‹ durchspielt und Einer sich dem Andern genau anpaßt«.[140]

Die NEUNTE wurde nach nur drei Proben aufgeführt. Es wurde eine »noch keineswegs genugsam abgerundete Produktion... wo weder von imponirender Gesammtkraft, noch von einer gehörigen Vertheilung von Licht und Schatten, vollkommener Sicherheit der Intonation, von feineren Tinten und nuancirtem Vortrag eigentlich die Rede seyn konnte«. [141]

Kritik bei der Presse wegen der schlecht vorbereiteten Aufführung gab es für Mozarts Don Giovanni, Beethovens 5. Symphonie, das Violin-Konzert, die Coriolan-Ouvertüre, das Es-dur Klavierkonzert und die Missa Solemnis.

In der »Allgemeinen Musikalischen Zeitung« erschien 1805 die Besprechung eines Konzerts in Wien [142]: »Von Sinfonien wiederholte man mehrere der vorzüglichsten Haydnschen und Mozartschen: doch gab man verschiedene diesen Winter nicht so gut, als voriges Jahr. Woher mag das kommen? Sollte man die Proben scheuen? oder gegen den ehrenvollen Ruf, eines der vorzüglichsten unter den, von Fürsten *nicht* besoldeten, Orchestern auszumachen gleichgültig werden?«

Es gab sehr handgreifliche Gründe für die geringe Anzahl von Proben in der damaligen Zeit. Das vornehmlichste Problem waren die Kosten. Die Komponisten, die eine Akademie mit ihren Werken (zum Beispiel Beethoven mit der Missa Solemnis und der Neunten in einem einzigen Konzert) veranstalteten, mußten diese selbst finanzieren, sie mußten also im voraus so planen, daß die Kosten die Einnahmen nicht überstiegen. Offenbar spielten die Musiker die Proben gegen Entgelt, und es konnte nicht von ihnen verlangt werden, daß sie in [143] »Verehrung gegen die großen Meister der Composition die lang dauernden und ermüdenden Proben gratis halten sollten« und dadurch ihr »zum Lebensunterhalt so nöthiges Geschäft des Unterrichtgebens vernachläßigen und ihr tägliches Einkommen schmälern müßten«.

Daher wurden die Orchester oft durch Laien verstärkt. [144] »Es ist kaum nötig hinzuzufügen, daß eine solche mit höchster Freyheit des Geistes und ungehemmter Begeisterung erfundene Composition einem routinirten Violinisten oft kaum Zeit läßt, sich einen zweckmäßigen Fingersatz auszudenken, weshalb dann auch gewöhnlich schwache Spieler, d. h. solche, die wohl Variationen oder Concerte spielen, aber mit dem rapiden Gang des Orchesterspiels nicht bekannt sind, sich bey solchen schwierigen Stellen gewöhnlich zuerst entsetzen, dann mit ihrem Bogen absetzen, und das Spielen soviel Tacte aussetzen, bis sie bei leichteren Stellen dann wieder ansetzen und sich unter das aktive Orchester neuerdings versetzen können. Während solcher Perioden mußten dann gewöhnlich die Tactfesten, mit dem wahren Ausdrucke, die Notenfreßenden-Spieler durch ihr verstärktes Spiel das ersetzen, was abgeht.«

Sehr große Kosten verursachte neben den Instrumentalisten das Kopieren der Noten, also das Abschreiben der Stimme für jeden einzelnen Spieler. Schindler veröffentlicht in seiner Beethoven-Biographie die Abrechnungen zu einigen Konzerten[145]:

Am 27. Februar 1814 gingen die Kopistenkosten für das Terzett EMPI, TREMATE zu Beethovens Lasten: 452 geschriebene Bogen à 12 Kreuzer. Das Orchester kostete 344 Gulden. »Dennoch sind an der 1sten Violine nur 7, an der 2ten nur 6, mit je 5, theilweise mit 7 Gulden, *honorirte* Musiker namentlich angeführt, weil an jeder Stimme zwei Mal so viel Dilettanten mitgewirkt hatten.«

Doch scheinen die Zeiten vorher für die Musik noch weit schlechter gewesen zu sein. Der Philosophieprofessor und Beethoven-Verehrer Amadeus Wendt schrieb 1815 bezüglich des FIDELIO[146]: »Was die musikalische Schwierigkeit anlangt, so wissen viele unter uns sich noch der Zeit zu erinnern, wo in manchen Orchestern die Clarinette noch ganz, die Posaune überall fehlte, und wo man Instrumentalstücke langsam einstudieren mußte, die heut zu Tage jedes kleine Orchester ohne Mühe fast vom Blatte spielt, andere als unausführbar zurückgelegt wurden, an denen man sich jetzt überall ergötzt.«

Die Komponisten waren anscheinend darauf eingestellt, daß wenig probiert, daß unter Umständen vom Blatt gespielt wurde. Von Paganini weiß man, daß er die Stimmen für das Orchester, das ihn begleiten sollte, erst im letzten Augenblick vor dem Konzert herausrückte, um zu vermeiden, daß seine Musik nachgespielt, gestohlen oder imitiert wurde. Er konnte darauf rechnen, daß die Musiker in der Lage waren, die Begleitung vom Blatt zu spielen.

Ein anderes Beispiel: Rossini stellte viele seiner Opern in sehr kurzer Zeit fertig; dabei achtete er immer darauf, daß die Partien der Sänger am frühesten vorlagen, weil diese am meisten üben mußten, da sie auf der Bühne auswendig zu singen hatten. Bis zuletzt sparte er die Komposition der Ouvertüre auf, weil die zur Not auch vom Blatt gespielt werden konnte.[147]

Für Beethoven ging diese Rechnung einmal nicht auf. Schindler erzählt von der FIDELIO-Premiere[148]: »Mitte April fingen die Proben an, obwohl noch Manches [von der Komposition] fehlte. Für den 23. Mai wurde die Vorstellung angekündigt; Tags zuvor war die Hauptprobe, aber die versprochene neue Ouvertüre (in E dur) befand sich noch in der Feder des Schöpfers. Man bestellte das Orchester zur Probe am Morgen der Aufführung. Beethoven kam nicht. Nach langem Warten fuhr ich zu ihm, ihn abzuholen, aber – er lag im Bette, fest schlafend, neben ihm stand ein Becher mit Wein und Zwieback darin, die Bogen der Ouvertüre waren über das Bett und die Erde zerstreut. Ein ganz ausgebranntes Licht bezeugte, daß er bis tief in die Nacht gearbeitet hatte. Die Unmöglichkeit der Beendigung war entschieden; man nahm für diesmal seine Ouvertüre aus PROMETHEUS, und bei der Ankündigung: ›wegen eingetretener Hindernisse müße für heute die Ouvertüre wegbleiben‹, erriet die zahlreiche Versammlung ohne Mühe den triftigen Grund.«

Es muß einmal darauf hingewiesen werden, für wen, für welche Spieler, Musik von Haydn, Mozart, Beethoven, Schumann und Chopin geschrieben wurde: für Laienorchester, für Schülerinnen, Fürstentöchter, Damen der Gesellschaft, die diese Stücke tatsächlich spielen sollten und wirklich übten.

Und schließlich lohnt es sich, die Frage zu stellen, ob damals diese Musik so schnell gespielt wurde, wie die Metronomzahlen es vorzugeben scheinen, in einem Tempo nämlich, das heute Solisten und Orchester erst nach langem Studium und fleißigstem Üben zu erreichen vermögen. Erschwerend kam hinzu, daß es sich in allen erwähnten Fällen der Vergangenheit um Uraufführungen handelte – prima vista, Premieren aus der noch von Tinte nassen Partitur; wie schnell wurde da gespielt?

19. Inszenierungen von Musik

Im Abstand von nur wenigen Jahren beschert uns die Schallplattenindustrie immer neue Einspielungen der gleichen Symphonien, Opern, Liederzyklen, oder was es auch sei. In der Vorauswerbung und auf den Plattenhüllen werden die angeblichen Besonderheiten gepriesen: die schnellen Sätze besonders temperamentvoll, die langsamen besonders vergeistigt, die Instrumentaltechnik makellos und bravourös, edelste Klanglichkeit, extreme Perfektion der Aufnahmetechnik und so weiter. Hört man sich die oft sehr zahlreichen Einspielungen eines Werkes hintereinander an, so stellt man fest, daß sie sich nicht sonderlich voneinander unterscheiden: Die schnellen Sätze sind alle ähnlich schnell, die Instrumentaltechnik ist ähnlich perlend oder gestochen, in ihrem Timbre sind die großen, berühmten Orchester kaum auseinanderzuhalten.

Ob man den Salzburger mit dem New Yorker DON GIOVANNI, den Londoner MESSIAS mit dem von Sidney, die NEUNTE in Berlin mit der in Tokio vergleicht, immer gilt musikalisch: Das heutige musikinterpretatorische Know-how wird komplett ins Treffen geführt – die Musik ist brillant, schnell, glatt, makellos, mit einem Wort stromlinienförmig. Das paßt zu unserer durchtechnisierten Gegenwart. Gäbe man Shakespeare oder Sophokles in vergleichbarer Form auf dem Theater, so würde geurteilt: Das ist eine konsequent moderne Inszenierung. Bei Musik benutzt man das Wort *Inszenierung* nicht – allenfalls bei Opern wird es verwendet, aber auch dort nur bezüglich der Regie, jedoch nie im Zusammenhang mit der musikalischen Darstellung.

Musiker halten das, was sie spielen, immer für *authentisch*; bis vor einigen Jahren sagte man *werkgetreu* und meinte damit ebenfalls: den Vorstellungen des Komponisten so nahe wie nur möglich.

Die musikinterpretatorische Ähnlichkeit der heutigen Einspielungen historischer Kompositionen könnte zu dem Schluß führen, daß all diese Interpretationen den Vorstellungen ihrer Schöpfer – sei es Mozart, Händel oder Beethoven – außerordentlich nahe kommen. Das ist ein Trugschluß; sie kommen alle den interpretatorischen und aufnahmetechnischen Gepflogenheiten unserer Gegenwart außerordentlich nahe. Und diese Gepflogenheiten sind Welten entfernt von den Usancen und Bedingungen, die herrschten, als die zur Diskussion stehenden Werke geschrieben wurden. Die heutigen Aufführungen beugen sich dem Primat der Kolisch-Schule, schnellste Tempi zu spielen, und sie bewegen sich, wenn sie ihr Ziel erreichen, auf der doppelten Geschwindigkeit der Uraufführungen vor 150 oder 200 Jahren; die Instrumente sind reichlich einen halben Ton höher gestimmt als damals; man produziert mittels vieler Proben, ausgeklügelter Trainingsmethoden und zahlloser Schnitte Aufnahmen ohne Fehler.

Alles, was heute musiziert wird, ist Inszenierung im Sinne des Theaters: Es gibt einen *Urtext*, der gemäß den Bedürfnissen und Moden einer Zeit immer wieder neu und anders in Szene gesetzt wird.

Einer, der mit Absicht *anders* spielte, war Glenn Gould. Im Vergleich zur Ähnlichkeit, zur vorgeschützten Authentizität der übrigen Pianisten fiel er entsprechend aus dem Rahmen und fand trotzdem – vielleicht auch deshalb – viele Verehrer. Er machte kein Hehl daraus, daß er sein eigenes Verständnis von Bach oder Beethoven vortrug, seine eigenen Inszenierungen. Jeder Regisseur, dem ähnlich Eigenes bei Schiller oder Goethe gelänge, wäre stolz darauf.

Die heutigen Musiker stehen unter dem Diktat der Geschwindigkeit, das von Schönberg-Adorno-Kolisch und ihren Epigonen mit Erfolg als Authentizität postuliert wurde. Das Diktat greift so erbarmungslos, daß heute kein Musiker auf dem Konzertpodium, zu einer Schallplatten- oder Rundfunkaufnahme, zu einem Wettbewerb anzutreten braucht, der nicht eine *schnelle* Inszenierung lieferte. Gäbe es dieses Diktat nicht, so wäre möglicherweise der ganze Tempo-Streit hinfällig.

Von der ersten Lebensstunde an widerfahren dem Werk eines Komponisten *Inszenierungen*: Mozart durch den Abbé Vogler, Beethoven durch Czerny, Schubert durch die Sänger – Chopin, weil er seine Musik selber spielte, vielleicht am wenigsten. Aber auch darin kann man keineswegs sicher sein. Einem Komponisten wird nicht unbedingt zugetraut, daß er die rechte Auffassung von seinem Werk habe. Dazu noch einmal Schindler über ein Gewandhaus-Konzert 1841 unter der Leitung von Ferdinand Hiller, dem Nachfolger Mendelssohns[149]:

Schindler lobt die Aufführung der A-Dur Symphonie von Beethoven, weil sie in der »ruhigen Führung des Ganzen« so klang, als habe Hiller »sie mit Beethoven selber einstudiert«... »Weil Hiller nicht in Mendelssohns Weise alle Allegro-Sätze überhetzt, daran selbst tüchtige Musiker in Leipzig gewöhnt waren, darum diese abscheuliche, verwerfliche Manier für das Richtige und Wahre gehalten, wurde Hillers Direktion für schlafmützig und verfehlt erklärt. Es ist mir nicht gelungen, sie zu überzeugen, daß die A-Dur Symphonie ganz im Geiste Beethovens aufgefaßt ist, ja Herr Hirschbach erwiderte mir: ›Und wenn Beethoven selber käme und erklärte, daß solche Auffassung in seinem Geiste sey, so würde ich ihm entgegnen, daß er Unrecht habe und seine eigene Composition nicht verstehe.‹«

In der Antwort des Herrn Hirschbach blitzt das Muster für alle Inszenierungen dieser Welt auf: Man hält einen eigenen Standpunkt durch, nicht nur gegen die Zeitgenossen, sondern zur Not auch gegen den Erschaffer des Werkes. So sind auch die zahlreichen unterschiedlichen Editionen der gleichen Komposition im vorigen Jahrhundert – bevor noch der Alleinvertretungsanspruch von Urtext-Ausgaben allgemein anerkannt wurde – zu werten: Es sind Inszenierungen auf dem Grundriß des Notentextes, vergleichbar den Schallplatteneinspielungen eines gleichen Stücks in unseren Tagen. Man kann in alledem auch – wie in der Theaterinszenierung – Dokumente der Auseinandersetzung mit dem Œuvre eines Komponisten sehen, und damit haben diese Zeugnisse beachtlichen Wert: Die zahlreichen Editionen der Werke von J. S. Bach, Mozart, Beethoven, Chopin, Schumann lassen erkennen, daß sich seit etwa 1800 alle 10 bis 20 Jahre der Geschmack, die Kenntnisse, die geistige, politische und ökonomische Situation so stark verändert hatten, daß man eine neue Ausgabe mit neuen Spielvorschriften – eine neue Inszenierung – für fällig hielt. Heute folgen Schallplatteneinspielungen des gleichen Werkes in viel kürzeren Abständen aufeinander – und das nicht nur, weil eine bereits vorhandene Einspielung überholt wäre.

Wir können versuchen, aus den gegenwärtigen Aufführungsschablonen auszubrechen: Wir können kleinere Orchester zusammenstellen, den Spielern historische Instrumente in die Hand geben, wir können den Kammerton heruntersetzen, wir können uns bemühen, die artikulatorischen und ornamentalen Grundsätze der Entstehungszeit zu beachten, und wir können noch den entscheidenden Schritt weitergehen, das Tempo in schnellen Sätzen zu halbieren – das hat bisher kaum jemand gemacht –, um uns damit dem Lebensgefühl der Entstehungszeit ein weiteres Stück zu nähern; trotzdem bleibt uns Authentizität versagt. Selbst wenn wir die Aufführungsstätten der damaligen Zeit mit ihren gestopften akustischen Gegebenheiten aus Mobiliar und Textilien wiederherstellten, würden wir immer noch als Menschen hören, die am Ende des 20. Jahrhunderts leben – übrigens auch mit den musikalischen Erfahrungen der letzten 200 Jahre im Hinterkopf.

Was wir auch aufführen, bleibt eine Inszenierung. Aber Inszenierungen im Tempo der Entstehungszeit der klassischen Musik hat es bisher nicht gegeben. Es lohnt sich, sie zu ermöglichen. Sie enthüllen unbekannte Seiten der Werke, ungeahnte

Inhalte, entglittene Lebensbezüge. Sie sind so neu wie die gereinigten Fresken Michelangelos in der Sixtinischen Kapelle in Rom.

Im Vergleich dazu klingen alle heutigen Aufführungen verteufelt ähnlich – eben am gleichen Ideal geschult –, wie alle Autos sich ähneln, wenn sie neben einer Kutsche oder neben einem Fußgänger fahren.

20. Zweifel am Prestißißimo

Seit 100 Jahren schon werden Zweifel an der Linearität des Denkens und am »Primat der Geschwindigkeit«[150] geäußert – bezogen sowohl auf das Leben, als auch auf die Musik. Seit Beethoven, also seit der Hochklassik, trägt die europäische Musik alle charakteristischen Züge des linearen Bewußtseins: Sie strebt auf einen Höhepunkt zu, hat deshalb Techniken der Entwicklung – motivische und harmonische – ausgebildet, meidet Verweilen und Längen. Während des 19. Jahrhunderts galt Musik solcher Art als vorbildlich, als Inbegriff von Musik – und da geschah es, daß bei der Pariser Weltausstellung 1889 zum erstenmal auf europäischem Boden fernöstliche Gruppen Gamelan-Musik spielten. Der Klang der Instrumente, das melodisch-harmonische Gefüge auf der Basis der Ganztonleiter (also weder in Dur noch in Moll), der litaneihafte, entwicklungsfreie Ablauf in Reihungen war für die europäischen Musiker fremd, neu und fesselnd. Claude Debussy (1862–1918) ließ sich von diesen Eindrücken inspirieren und kehrte sich von Wagner ab.

Debussys Zeitgenosse und Freund Erik Satie (1866–1925) umging und unterlief den Aktionismus und die Zielgerichtetheit der mitteleuropäischen klassischen und romantischen Musik, indem er auf das Mittelalter zurückgriff, also auf eine Zeit *vor* der rasanten Intensivierung des linearen Zeitdenkens. Saties Vorbild, die mittelalterliche Musik, ist – darin der asiatischen vergleichbar – aus kleinen Elementen gereiht, ohne Entwicklung und Straffung auf Höhepunkte hin, sie ist zustandhaft: man könnte in diesem Zusammenhang von Klangbändern sprechen. Solche Musik komponierten Satie und in einigen Stücken auch Debussy schon in den neunziger Jahren des vorigen Jahrhunderts – also 30 Jahre bevor Schönberg und Kolisch die Interpreten von klassischer Musik auf Trab brachten. Doch was in Paris geschah, hatte für Wien und Berlin keine Bedeutung; Satie war bis in die 1960er Jahre unbekannt, und Debussy wurde als Impressionist vernascht.

Die kubistische Fixierung auf schwarze Kultur in den Jahren um den Ersten Weltkrieg hatte auf die zeitgenössische sogenannte E-Musik keine Auswirkung. Der Jazz hätte sie haben können; aber auch er wurde von den *Meistern der Neuen Musik* nicht in das Konstruktions- und Klangbild für einbeziehenswürdig erachtet.

Während Europa in den dreißiger Jahren kulturell erstarrte, wurde in den USA der Kontakt zu asiatischer Musik intensiv fortgesetzt. Colin McPhee, John Cage und Henry Dixon Cowell nahmen Anregungen aus Indien, Indonesien und Japan in ihre Musik auf. In den fünfziger Jahren kam es auch in Europa zu Brüchen im musikalischen Selbstverständnis, allerdings auf ganz anderem Wege. Innerhalb der seriellen Musik, die sich durch ihre völlige Unterordnung unter eine Zahlenfolge auszeichnete, tauchten an unvorhersehbaren Stellen Ungenauigkeiten, Ungeplantes, Zufälle auf. John Cages (geb. 1912) Gedanke war es, den Zufall zum Prinzip zu erheben und aleatorische Wege des Komponierens zu entwikkeln – das heißt, Kompositionen zu erwürfeln. Damit war das europäische Kausal- und Zieldenken von den avantgardistischen Künstlern ad acta gelegt, passé. Es war der richtige Augenblick, um Erik Satie und seine damals schon 70 Jahre alten Beispiele von statischer, schwebender, entwicklungsloser Musik wiederzuentdecken. Saties Musik hat seither eine Renaissance ohnegleichen erlebt.

Zwei repräsentative Komponisten formulierten in den 60er und 70er Jahren ihre Gegenposition zum linearen Entwicklungsdenken in der Musik: Karlheinz Stockhausen (geb. 1929) spricht von »offener Form«; gemeint ist damit ein Ablauf ohne notwendigen Anfang oder festgelegtes Ende und ohne Höhepunkt. Bernd Aloys Zimmermann (1918–1970) setzt der Eindimensionalität, der Linearität des gängigen Zeitdenkens die Vorstellung von der »Kugelgestalt« der Zeit entgegen, worin der Unterschied von Vergangenheit, Gegenwart und Zukunft ineinandergezwungen ist.

Mehrere junge Komponisten griffen in den 70er Jahren erneut asiatische Anregungen auf und komponierten Musik[151], die ein Ausfüllen von Zeit mit Meditation anregen und ermöglichen soll. Von dort ist es nur noch ein kleiner Schritt zur Minimal music[152], die reine Klangstatik hervorbringt.

All das betrifft wiederum nur die E-Musik. Die Jazz-Nachfolge, die freie improvisierte, die Pop- und Rock-Musik können hier in ihrer Beziehung zum industriellen Aktionismus wie auch zu den Meditationstrends nicht aufgezeigt werden. Dieses Terrain hat mehr Böden, als es auf den ersten Blick erscheint, und außerdem ist es nicht das zur Untersuchung stehende Thema.

Während sich die Komponisten kritisch mit dem Verständnis von Zeit auseinandersetzten, lief im Bereich der Interpretation klassischer Musik der *Geschwindigkeitsrausch* unangefochten weiter – gefördert und honoriert von der Schallplattenindustrie, vom Rundfunk, von Festivals und Wettbewerben und last, not least vom Publikum.

Allerdings tragen schon seit mehreren Jahrzehnten Musikwissenschaftler, die Spezialstudien zur Aufführungspraxis der Früh- und Hochklassik angestellt haben, vorsichtig und zaghaft ihre Zweifel an den Interpretationsweisen klassischer Musik vor: Schon 1931 befaßte sich Rudolf Steglich anläßlich der Restaurierung des Mozartschen Hammerflügels mit dem »Tempo als Problem der Mozartinterpretation«[153] und bezweifelte, daß der Stil seiner Zeit (1931) Mozart zu spielen (vor allem die Geschwindigkeit betreffend), mit dem alten Instrument zu vereinbaren sei. Steglich hat sich mit dem gleichen Problem in Aufsätzen wiederholt herumgeschlagen: »Studien an Mozarts Hammerflügel« (1941), »Über den Mozart-Klang« (1951). Immer regt das Tempo der heutigen Spielweise zu besonderen Zweifeln an. In einem Artikel speziell »Über Mozarts Adagio-Takt« setzte sich Steglich vorsichtig tastend mit den

Fragen der damaligen Tempobezeichnungen und dem – anzweifelbaren – Verständnis auseinander, das man heute von ihnen hat.

Als Walter Gerstenberg 1960 die von Tomaschek aufgeschriebenen Tempi von der Uraufführung des DON GIOVANNI wiederentdeckte, kommentierte er ein wenig kleinlaut: »...geben wir nachstehend Tomascheks Aufstellung, ohne vorerst in eine Diskussion darüber einzutreten, unverändert wieder. Wie immer man den dokumentarischen Wert der Zahlenreihe einschätzen mag, zu ihrem Teil und nach ihrem Gewicht scheinen sie berufen, der hektischen Pseudodramatik, die sich gegenwärtig (1960) bei Aufführungen des DON GIOVANNI oft peinlich breitmacht, das Bewußtsein eines Maßes und einer Proportion entgegenzuhalten, das als solches unmittelbar zu Mozarts Kunst gehört.«

Robert Münster stieß kurz darauf bei der Beschäftigung mit den »Authentischen Tempi zu den sechs letzten *Sinfonien* W. A. Mozarts«, die Mozarts Schüler Hummel hinterlassen hat, auf das gleiche Rätsel der Unvereinbarkeit mit den Spielgepflogenheiten von 1962. Die überlieferten Metronomzahlen erscheinen sehr schnell, oft unausführbar – aber, so fügt Münster resignierend hinzu: »Die überwiegende Übereinstimmung der Zahlen Hummels mit denjenigen zu Beethovenschen Instrumentalwerken läßt den Schluß zu, daß Hummels Metronomisierungen der damaligen Wiener Aufführungspraxis entsprachen.«

In jenen Jahren, genau 1966, war es auch, daß sich Nicholas Temperley[154], wie bereits erwähnt, mit den Aufführungsdauern von Sir George Smart befaßte, diese mit den in den sechziger Jahren in Europa üblichen Spiellängen verglich und zu für ihn irritierenden Ergebnissen kam.

Beim Internationalen Musikwissenschaftlichen Kongreß in Bonn 1970 (also zum 200. Geburtstag von Beethoven) behandelten mehrere Beiträge den aus dem Nachlaß Schindlers kurz zuvor ans Licht gekommenen Band mit Etüden von J. B. Cramer, die nach Schindlers Aussage Spielanweisungen Beethovens für seinen Neffen enthalten.[155] Die Musikwissenschaftler William S. Newman und Harry Goldschmidt kamen zu dem Ergebnis, alle Indizien wiesen darauf hin, daß es richtig sei, das Tempo des Spielens herunterzusetzen.[156]

Hans Engel (»Probleme der Aufführungspraxis« 1970) erhebt die Forderung, nicht nur das Klangbild der Musik bis Bach historisch authentisch wiederherzustellen. »Wir müssen auch zu einer neuen Darstellung der Klassik kommen und sie von den Schlacken nachromantischer Interpretation, Gefühlswelt und Klangempfinden reinigen. Nur wird der Allerweltsstil, mit dem, klanglich völlig gleichartig, Musik von Bach bis Strawinsky von unseren Orchestern geboten wird, nicht bald zu differenzieren sein.«

Je tiefer sich die Forscher in die Lehrwerke der frühklassischen Zeit und deren detaillierte Spielvorschriften einarbeiteten, desto häufiger kamen sie zu dem Ergebnis: »Das kann man im heutigen Tempo überhaupt nicht ausführen.« Ganz besonders deutlich wird dieser Umstand in zwei Veröffentlichungen, die sich ausführlich mit jenen Publikationen aus dem 18. Jahrhundert befassen, denen man entnehmen kann, wie viele und welche Spielanweisungen ein Notenbild enthält.

Bereits 1964 veröffentlichte der Amerikaner Sol Babitz eine Arbeit über »Modern Errors in Mozart Performance«, in der er das Metrik- und Taktverständnis sowie die Instrumente Mozarts präzise diskutiert und zu dem Schluß kommt, daß es Irrtümer zu beseitigen gelte, die sich durch Jahrhunderte angesammelt haben.

Im gleichen Jahr erschien das Buch »Vergessene Traditionen in der Musik« von Fritz Rothschild. Der Autor beschränkt sich nicht auf Mozart, sondern weist nach, wie die Musik seit Bach in den Einzelheiten gespielt wurde. Er belegt seine Darstellung detailliert mit Sätzen aus den Lehrbüchern der Zeit. Fritz Rothschild, der als Geiger 1921 zum Kolisch-Quartett gehörte[157], faßt seine Untersuchungen folgendermaßen zusammen:

»Wenn an dieser Stelle die Tempofrage überhaupt erwähnt wird, dann deswegen, weil alle die Regeln und Konventionen aus früherer Zeit in dem heute üblichen Tempo unausführbar sind.«[158]

Bei solchen Gelegenheiten sagt die Kolisch-Schule: »Üben und die Wahnsinnstempi erfüllen.« Das ist ein philologisch korrekter Standpunkt, solange man es nicht besser weiß, das heißt, bevor W. R. Talsma eine andere Erklärung anbot.

Die Musikwissenschaft trug eine Fülle von Beweismaterial gegen das Schnellspielen zusammen, stand jedoch ratlos vor den überlieferten Metronomziffern, die zu den hohen Geschwindigkeiten zu verpflichten scheinen. An ihrer Glaubwürdigkeit und an der Art des Umgangs mit ihnen wurde nicht gerüttelt.

Aber inzwischen sind wir im Besitz einer Theorie, auf deren Grundlage sich alles ausführen läßt, was die Theoretiker und die praktischen Musiker vor 200 Jahren verkündeten und befolgten.

21. Die Entdeckung von Willem Retze Talsma

Wider alles Erwarten brachte die Möglichkeit, mit Hilfe von Maelzels Metronom die Geschwindigkeit von Musik in Zahlen festzulegen, keine Klärung des Tempoproblems, nicht einmal eine Erleichterung für die Spieler: Die angegebenen Schnelligkeitsgrade sind nämlich – scheinbar – durchweg so hoch, daß sie nur von manuell hochbegabten Instrumentalisten, die zudem ihr Leben lang geübt haben, zu erreichen sind. Erst vor dem Hintergrund dieser Zahlen wurden die Diskussionen um das richtige Tempo wirklich hitzig und erbittert. Als Paradebeispiel für ein sehr hohes Tempo gilt Beethovens eigene Metronomisierung seiner KLAVIERSONATE OP. 106, der sogenannten HAMMERKLAVIERSONATE. Zum ersten Satz schrieb er $\downarrow$ = 138. In dieser Geschwindigkeit galt die Sonate über hundert Jahre lang als *unspielbar*. Aber nicht allein die Zahlen Beethovens brachten die Nachwelt in Verlegenheit, auch die Metronomvorschriften Czernys zu Beethovens Werken, die Tempoangaben Chopins (besonders zu seinen ETÜDEN) und viele Metronomisierungen bei Schumann riefen in erster Linie Ratlosigkeit hervor. Sehr oft gönnten die späteren Herausgeber den Spielern einen Rabatt, zum Beispiel Heinrich Germer in seiner Neuausgabe der ETÜDEN und ÜBUNGEN von Czerny im Jahre 1888. Im Vorwort heißt es:

»Die vom Autor [Czerny] beigefügten Metronomzahlen sind beibehalten. Daraus ist jedoch nicht zu folgern, daß der Herausgeber sie als maßgebend für's Studieren erachtet. Im Gegenteil! Denn sie sind nach Ansicht der competentesten Musikpädagogen derartig schnell bemessen worden, daß selbst ›gute Schüler‹ immer noch 20–25 % hinter dem unerbittlichen Metronom zurückbleiben werden, und es ist nicht zu läugnen, daß dies in vielen Fällen der in den ETÜDEN pulsierenden Musik nur zum Vorteil gereicht.«

Hans von Bülow sah sich bei seiner berühmten und viel benutzten Neuausgabe der ETÜDEN von Cramer (1869) vor dem gleichen Problem. Er schrieb im Vorwort: »Hinsichtlich der Metronombezeichnungen, die genau nach dem Original [von J. B. Cramer] kopiert worden sind, können wir nicht verschweigen, daß uns dieselben in der Mehrzahl von übertriebener Raschheit erscheinen, nicht blos rücksichtlich des vom Übenden zu nehmenden, sondern auch des ihrem Vortrage als Musikstücke zukommenden Zeitmaßes.«

Und dann fand Bülow einen grandiosen Ausweg: »Möglich, daß ähnlich wie es bei Beethoven und in neuerer Zeit bei Schumann vorgekommen (letzterer soll während einer ganzen Produktionsperiode nach einem defekten ›Mälzel‹ metronomisiert haben), der Compass J. B. Cramers sich zu unserer Normalpyramide wie ein Fahrenheit zu einem Réaumur verhalten hat.«

Inzwischen hat sich herausgestellt, daß weder Beethovens noch Schumanns noch Cramers Metronom defekt war.[159] Trotzdem halten die Instrumentalisten – begreiflicherweise – an der Legende vom falschen Metronom fest und verschaffen sich damit das Alibi, ein Tempo zu spielen, das ihnen möglich ist; und das ist durchweg langsamer, als es die gedruckten Metronomzahlen zu verlangen scheinen.

Mit dieser Willkür wurde im Schönberg-Kreis aufgeräumt, also in den zwanziger Jahren; seitdem müssen die Metronomanweisungen erfüllt werden. Und um den Wünschen und Vorstellungen der Musikbranche und in deren Gefolge denen des Publikums zu genügen, setzen sich die Instrumentalisten hin und trainieren unter Verachtung aller anderen Dinge, die das Leben zu bieten hat, diese Affentempi.

Im Schönberg-Kolisch-Kreis werden Begründungen für die Notwendigkeit der hohen Geschwindigkeiten vorgetragen. Unter dem Titel »Beethoven, Das Problem der Interpretation«[160] sind Aufsätze von Arnold Schönberg, Peter Stadlen, Peter Gülke, Heinz-Klaus Metzger und Rainer Riehn zu diesem Thema zusammengefaßt. Doch auch diese Theorie, die um

1920 zuerst formuliert und ausprobiert wurde, ist seit 1980, seit der Entdeckung von Willem Retze Talsma, überholt.

Talsma beteuert im Vorwort zu seinem Buch[161], »... daß meine Arbeit keine einzige Bemerkung enthält, die für mich nicht lebendige, musikalische Wirklichkeit geworden ist. Diese letzte Bemerkung erhellt, daß ich hier als Musiker, als ›Praktiker‹, spreche und damit zuallererst für ›Praktiker‹. Daß zusätzliche neue Möglichkeiten für ein fruchtbares ›Zusammenspiel‹ zwischen ›Theoretikern‹ und ›Praktikern‹ eröffnet werden, scheint mir durchaus wünschenswert.« Bei der Aufführung klassischer Musik war das beunruhigende und schließlich auslösende Moment für Talsma ein Unbehagen an »der heutigen Praxis, die gewöhnlich einen mechanisierten, unpersönlichen und oft sogar aggressiven Charakter angenommen [hat], der den Absichten der Komponisten in keiner Weise entspricht«.[162]

Sein Buch »Wiedergeburt der Klassiker – Anleitung zur Entmechanisierung der Musik« ist das Ergebnis von sechs Jahren Forschung, die Talsma aus diesem »Unbehagen« heraus betrieb. Ausgehend von der oft geäußerten Vermutung, Maelzels Metronome seien noch unvollkommen gewesen, führt er aus[163]: »Meine Untersuchungen haben jedoch gezeigt, daß 150 Jahre alte Exemplare trotz Staub, jahrelangem Stillstand und ungeöltem Räderwerk noch einwandfrei funktionieren – sowohl die früheren, größeren als auch die späteren, kleinen Modelle, wie wir sie heute kennen... Bülow hatte jedoch in gewissem Sinne recht: Die früheren Metronombezeichnungen erwecken tatsächlich den Eindruck, als seien sehr schnelle oder zu schnelle Tempi gemeint... Die ›klassischen‹ Metronombezeichnungen konnten aber nicht den Zweck haben, übertriebene bzw. unspielbare Tempi vorzuschreiben. Die Berichte aus dem Ende des 18. und dem Anfang des 19. Jahrhunderts bieten keinerlei Grundlage für die Annahme, man habe damals über übermenschliche technische Fertigkeiten verfügt, die ›sogar‹ in unserer Zeit unerreichbar seien... Wenn aber die ursprünglichen Tempi der Werke von Mozart, Haydn und Beethoven so schnell gewesen wären, wie die entsprechenden Metronombezeichnungen anzugeben *scheinen*, d. h. wenn die Bezeichnung ›buchstäblich‹, mathematisch zu interpretieren wäre, hätte in späterer Zeit keine Kritik wegen schnellerer und zu schneller Tempi geäußert werden können. Die ursprünglichen Tempi wären dann ebenso schnell und in vielen Fällen sogar schneller als die Tempi des 20. Jahrhunderts. Die ›Höchstgeschwindigkeit‹ wäre dann bereits so hoch gewesen, daß neue Rekorde völlig unmöglich gewesen wären... Wenn die Metronome aus dem Anfang des 19. Jahrhunderts nicht defekt oder unvollkommen waren und sich nicht von den heutigen unterschieden haben, wenn die schnellen Tempi niemals so schnell gewesen sein können, wie die damaligen Metronombezeichnungen anzugeben scheinen, dann besteht auch kein Grund zu der Annahme, daß die klassischen Metronombezeichnungen falsch sind...

Die einzig haltbare Schlußfolgerung ist, daß die klassischen Metronomnotationen heutzutage nicht richtig gelesen werden.«

Talsma studierte die Musiktheorien des 18. Jahrhunderts von Ph. E. Bach, Türk, Kirnberger, Mattheson, Quantz, Leopold Mozart, Couperin, Rameau, Brossard und vielen anderen, ganz besonders intensiv aber befaßte er sich mit den Pendeln und ihren Gebrauchsbeschreibungen. Dabei stieß er auf einen sehr interessanten Unterschied zwischen Mechanikern und Musikern.[164] Die Techniker Sauveur, Onzembray, Mason und auch Maelzel dachten in Halbschwingungen, und ihre Zahlen beziehen sich auf die Anzahl von Halbschwingungen in der Minute. Die Musiker dagegen haben »bei der Benutzung des Pendels und des Metronoms die Pendelbewegung als Taktierbewegung betrachtet. So wurde die Hinbewegung eines Pendels als Thesis (Nieder-Schlag), die Rückbewegung als Arsis (Aufheben) gesehen... Weil die Musiker die Pendelbewegung wie eine Taktierbewegung betrachten, muß bei den Pendelangaben mit der doppelsinnigen Verwendung des Begriffes Schwingung (Vibration) gerechnet werden...«

»Bei der ›Konstruktion‹ der verschiedenen Taktmesser – Chronomètre, Métromètre, Metronom usw. – bezog man den Begriff Schwingung (Vibration) eindeutig und ausnahmslos auf die Halb-Schwingung (Halb-Vibration). Die Pendelangaben in Fuß, Zoll und ›Tierces de temps‹ beziehen sich ebenso wie die Metronomziffern auf die Halbschwingung bzw. die Zahl der Halbschwingungen in einer Minute.

Bei der praktisch-musikalischen Verwendung der Taktmesser wurde jedoch der Begriff Schwingung bald im Sinne von Halb-, bald im Sinne von Vollschwingung gebraucht. Es lassen sich sehr deutlich zwei Methoden und zwei damit zusammenhängende Notationsweisen unterscheiden...: die mathematische und die metrische Methode... Der Unterschied zwischen den mathematischen und den metrischen Angaben ist im heutigen Schrifttum nicht als solcher erkannt worden... Heutzutage werden alle Notationen mathematisch aufgefaßt.«[165]

Der Traktat, der das Geheimnis der Pendel- und Metronomangaben preisgab, waren die »Principes très faciles pour bien apprendre la musique« (1705) von Michel l'Affillard[166], und das allerdings nur in der 5. Auflage. L'Affillard schreibt über seine Musikbeispiele Zahlen für die Längen von Pendeln, und zu diesen Zahlen setzt er – in der 5. Auflage – zusätzliche Zeichen, die angeben, wie viele *vibrations* das Pendel in einem Takt ausführen soll. Er nennt diese Zeichen *croissants*. Ihre Bedeutung war: ⌢ = zwei, (= drei, ◠ = vier, ( ) = sechs Vibrationen im Takt.

L'Affillard bezieht seine *croissants* auf einen Tanz, den er zuvor behandelt hatte. Aus diesen Abhandlungen läßt sich zweifelsfrei schließen, daß er mit *vibration* eine Vollschwingung, ein Hin-und-Zurück meinte.

L'Affillard verfaßte sein Werk für Amateure, die im Selbstunterricht lernen sollten, den Takt zu schlagen. Die ersten vier

L'Affillard, die »Croissants«

Auflagen dieses immens erfolgreichen Werkes enthalten wie gesagt die *croissants* nicht – das gleiche gilt für die in unseren Tagen erschienene Neuauflage, die an einer der früheren Ausgaben orientiert ist; in keiner der zahlreichen Übersetzungen wurden die croissants berücksichtigt oder erwähnt. Offenbar hat l'Affillard dieses Zeichen später aus pädagogischen Gründen und zur Erleichterung für die Autodidakten entwickelt und in den Druck aufgenommen.

Selbst wenn man in den folgenden Jahrzehnten das Lehrbuch von l'Affillard studierte, war es nicht sicher, daß man ein Exemplar der 5. Auflage in der Hand hatte. So konnte relativ leicht in Vergessenheit geraten, daß in dem Begriff ›vibration‹ eine Ganzschwingung, also ein Hin-und-Zurück steckte. Für die Spieler und die Komponisten wurde das zum Verhängnis, als die Pendelangaben durch die Metronomzahlen Maelzels abgelöst wurden. Im Lauf der Zeit blieb nur das Zählen der ›Ticks‹ übrig, wobei das Wissen, für was diese ›Ticks‹ standen, verlorenging. Talsma schreibt dazu[167]:

»Heutzutage wird den Metronomnotationen lediglich eine

134

tempobezogene Bedeutung beigemessen... Ursprünglich versuchte man jedoch, außer dem Tempo auch die Charakteristik einer Komposition in der Notation auszudrücken, soweit sie durch die Taktart und die dazugehörigen Termini wie Allegro, Andante und Adagio bestimmt wurde.«

Der unterschiedliche Charakter von Musik bestand in andersartiger Bewegung: in schnellen Sätzen (Allegro mit allen Beiwörtern und Presto) war die Folge schwer–leicht, Thesis–Arsis, links–rechts der Ausgangspunkt.

Im Allegro bestimmen metrische Einheiten, Vers- oder Klangfüße den Ablauf, sie folgen aufeinander wie die Versfüße im Gedicht oder die Schrittfolgen im Tanz. Für die Metronomzahlen bedeutet das zum Beispiel: Wenn über einem Allegro im ¼-Takt steht ♩ = 80, dann war damit nicht gemeint, was man heute darunter versteht, daß nämlich 80 ♩ in eine Minute fallen. Der Notenwert ♩ vor der Ziffer 80 hatte eine metrische Bedeutung und besagte, daß in dem jeweiligen Stück zwei Viertelnoten als Thesis und Arsis, Niederschlag und Aufheben, gespielt werden mußten, so daß die beiden Noten zusammen einen vollständigen Versfuß ♩ ♩ bildeten. Das neutrale Tick-tick-tick-tick des Metronoms muß verstanden werden als tick-tack, tick-tack – in unserem Beispiel immer bei der Einstellung 80 auf der Skala. Es müssen also 80 ♩ in einer Minute gespielt werden. Das Metronom tickt mit den Viertelnoten, also zweimal, wo es nach dem bisherigen Verstand nur einmal tickte. Für das Klangbild ergibt das genau die halbe Geschwindigkeit.

Das ist das metrische Verständnis der Metronomnotationen. Aus dem Notenbild ist das, wie erwähnt, nicht zu erkennen, sondern nur aus der Tempobezeichnung und, wenn diese fehlt, aus den verwendeten Notenwerten und der Taktart – eine Wissenschaft für sich. Weil diese Kenntnis aus dem musikalischen Gedächtnis geschwunden ist, lesen wir nur noch die blanken Zahlen, verstehen sie mathematisch. Das nennt man den ›mathematischen‹ Umgang mit den Metronomzahlen.

Mit dem Andante und dem Adagio verhielt es sich anders, weil diese Bewegungsformen eine andere historische Herkunft haben: andante bedeutet *gehend*, mit gleichen Schritten, und das Metronom bezeichnet *gleichmäßig* – ohne Hebung und Senkung – Schritt für Schritt. Auch die überlieferten Metronomzahlen zeigen das an: bei einem Andante im ¾-, ¾- oder ¼-Takt schreiben die Metronombezeichnungen aus der damaligen Zeit eine Einstellung für die Achtel vor; die Viertel der Taktart sind dadurch bereits halbiert. Das Metronom schlägt nun gleichmäßige Achtel, die Schritte.

Adagio heißt wörtlich übersetzt *gemächlich* – auch darin steckt keine Tanzbewegung. Die Töne sollten ineinanderschmelzend vorgetragen werden, dem Gesang oder den Streichinstrumenten nachempfunden. Wie beim Andante zeigt die Metronomziffer auch hier nicht einen Versfuß an, sondern die Folge von gleichen Noten, die jede die Zeit ganz ausfüllen.

Für das Verständnis der Metronomzahlen der klassischen Zeit ergibt sich also folgendes: Bei Stücken mit der Tempobezeichnung allegro (munter, heiter) oder presto (schnell) meint diese Zahl ein zweihebiges Metrum, muß also für die Ausführung halbiert werden. Die Zahlen von Andante und Adagio werden nicht halbiert, weil sie die einzelnen Noten angeben und bereits halbiert sind.[168]

Aus dieser unterschiedlichen Behandlung der metronomisch angegebenen Tempi für Allegro oder Andante erwächst eine veränderte Gewichtsverteilung der Sätze innerhalb einer Sonate, einer Symphonie oder eines Kammermusikwerkes. Die bisher immer als *schnell* interpretierten Ecksätze sind nur noch halb so schnell, und die als *langsam* geltenden Mittelsätze sind entweder so geblieben, wie man sie kannte, oder sogar noch etwas *gehender* geworden. Gleichzeitig mit der Beschleunigung der schnellen Tempi hat sich nämlich im vorigen Jahrhundert eine Verlangsamung der ruhigen Sätze vollzogen, wenn auch nicht im gleichen Ausmaß. Das veränderte Tempoverhältnis bewirkt eine Annäherung der Geschwindigkeiten der Sätze: Es entsteht ein großer Bogen vom ersten Ton des ersten Satzes bis zum letzten Ton des letzten Satzes – unter Umständen stehen sämtliche Sätze auf dem gleichen Pulsieren, ohne den als Gegensatz gewollten Einbruch, den ein *langsamer* Satz heute immer bedeutet. Der Unterschied der Sätze bestand nicht in ihrer gegensätzlichen Schnelligkeit, sondern in der für jeden Satz charakteristischen Bewegung.

Allein wegen der großen Beschleunigung der schnellen Sätze, wie sie beispielsweise von Clara Schumann berichtet wird, etablierte sich der Tempounterschied der Sonaten- und Symphonieteile, der sich in der zweiten Hälfte des vorigen Jahrhunderts konsolidieren konnte. Clara Schumann trug dazu nicht nur durch ihre Interpretation am Klavier bei, sondern auch durch die Neuausgabe, die sie dreißig Jahre nach Roberts Tod von dessen Werken veranstaltete. Sie zweifelte an der Richtigkeit der Metronomzahlen, die sie von seiner, des Komponisten, Hand vorfand. Sie war es[169], die zuerst auf den Gedanken kam, daß Schumanns Taktmesser *defekt* gewesen sein könne. Sie korrespondierte darüber mit Brahms, der ihre Meinung nicht teilte. Dann informierte sie Hans von Bülow, der es in der Folgezeit für bare Münze weitergab, daß Robert Schumanns Metronom falsch getickt hätte. Diese Theorie, die die ganze Welt gern und lange nachgebetet hat, ist offenbar eine Erfindung von Clara.

Nichtsdestoweniger nahm Clara selbst diese Theorie ernst, als sie sich daran machte, die Klavierwerke von Robert mit neuen Metronomzahlen zu versehen. Dabei ist bemerkenswert, daß sie in mehreren Fällen die schnellen Stücke beschleunigte und bei manchen langsamen das Tempo heruntersetzte.[170] In den dreißig Jahren seit Schumanns Tod hatte sich offenbar das allgemeine Tempogefühl so sehr verändert und Clara war so vollkommen in diesen Sog geraten, daß sie die Tempi, die sie von Robert gekannt haben mußte, vergessen hatte und sogar eine *Verbesserung* für notwendig hielt.

Es hat zu Ende des 19. Jahrhunderts noch Menschen gegeben, die den wachsenden Tempounterschied von *schnellem* und
langsamem Satz konstatierten. Zum Beispiel heißt es im Vorwort zur Ausgabe der Beethovenschen Klaviersonaten von
Lebert im Jahre 1898, daß die älteren Meister – in diesem Fall
Beethoven – Tempobegriffe gehabt hätten, die »von den heutigen [1898] in mehrfacher Hinsicht etwas abweichen, sofern
sie sich weniger in Extremen bewegten, also die schnellen Zeit-
maße nicht ebenso schnell, aber auch die langsamen vielfach
nicht ebenso langsam, wie die neueren Komponisten« verstanden.

Davon weiß man heute nichts mehr.

Auf den 260 Seiten seines Buches breitet Talsma die Ergeb-
nisse seiner Untersuchungen aus und führt sie zusammen in
der Erkenntnis, daß heute die mit *allegro* oder *presto* bezeich-
neten Teile der klassischen Musik zwischen J. S. Bach und
Wagner erheblich – und wenn die Metronomzahl falsch verstanden und befolgt wird, sogar um das Doppelte – zu schnell
gespielt werden. Das betrifft natürlich nicht nur die solistische
Musik, sondern ebenso die Oper, die Symphonien, die Kam-
mermusik, das Lied, auch die Etüden – selbst wenn es Kon-
zertetüden waren: von Chopin, von Liszt – alles, was »allegro« oder »presto« überschrieben ist, darf nur halb so schnell
gespielt werden, wie es die Metronomzahlen vorzuschreiben
scheinen.

Zu der interessanten Frage, wieso sich dieses Wissen verlieren konnte, läßt sich folgendes sagen: In vielen Quellen kann
man nachlesen, daß das Metronom im vorigen Jahrhundert nur
selten konsultiert wurde, daß in vielen Notenbüchern für den
praktischen Gebrauch die Metronomzahlen nicht gedruckt
standen, daß das Interesse der Spieler sich nicht auf den Willen
des Komponisten, sondern mehr auf ihr eigenes Spiel richtete.
Bedenkt man weiter die generellen Beschleunigungen des
Lebens im 19. Jahrhundert, dann ist es nicht schwer zu verstehen, warum nach dem Ende des Ersten Weltkrieges, als der

Schönberg-Kreis die Metronomzahlen *wiederentdeckte*, ihre ursprüngliche Berechnungsweise und Lesart genauso entfallen war wie der Kurs des Talers oder des Louisdor – obwohl wir nach wie vor mit Geld umgehen.

Es wird noch einiger Forschung bedürfen, bis jeder Schritt auf diesem Weg und alle beteiligten Persönlichkeiten wieder bekannt sein werden.

22. Die vergessenen Spielgepflogenheiten

Wenn man sich an die reizvolle Aufgabe macht, die klassischen Werke wieder *im Tempo ihrer Zeit* zu spielen, stößt man auf die unterschiedlichsten Schwierigkeiten. Allein das Unterfangen, bei bekannten und geläufigen Stücken simpel die halbe Geschwindigkeit zu spielen, wird bei den meisten heutigen Spielern der – wie Talsma sagt [171] – »nur auf Geschwindigkeit und Kraft abgerichteten Musikermentalität« entgegenlaufen. Schon deshalb ist eine Umstellung schwer. Vor allem aber bedeutet ein Spielen im klassischen Tempo keineswegs nur das Heruntersetzen auf die halbe Geschwindigkeit – vielmehr gilt es, viele verlorengegangene Interpretationsregeln zu befolgen.

Nach Ph. E. Bach sollte die Musik ein »der Rede ähnlicher Gesang« [172] und der Spieler sollte ein »rührender Clavieriste« sein, der der »empfindlichen Seele des Zuhörers« etwas geben möchte. Um dieses Ausdruckskonzept einzulösen, bediente man sich der Vortragsregeln, die die Musik zu einer »Klang-Rede« machen. Alle Lehrbücher des 18. Jahrhunderts enthalten solche Vortragsanweisungen. Im Laufe des 19. Jahrhunderts gerieten sie mehr und mehr in Vergessenheit, bis die Musiker schließlich überhaupt nichts mehr davon wußten und über alles hinwegspielten, hinwegjagten. Diese *vergessenen Traditionen*, die der damaligen Zeit selbstverständlich waren, ohne daß sie aufgeschrieben gewesen wären, mußten in unserem Jahrhundert von der Musikwissenschaft wiederentdeckt werden. Das war nicht schwer, denn man kann sie in den Lehrbüchern des 18. Jahrhunderts nachlesen. In den gegenwärtigen Interpretationen jedoch werden die alten Vortragsregeln verschwindend wenig berücksichtigt. Ein Neustudieren ist immens wichtig, weil die gesamte Musik der Früh- und Hochklassik auf diesen Selbstverständlichkeiten beruhte. Versucht man, die wieder zugänglichen Kenntnisse ins Spiel einzubeziehen, so bedeutet das ein intensives Studium der Details, es verlangt ein

Umdenken in den meisten heute üblichen Interpretationsge-
pflogenheiten, es läuft auf eine andere Ausbildung von der ersten Unterrichtsstunde an hinaus.

Bei der simplen Halbierung des Tempos erscheint uns die
Musik nicht nur als zu langsam, sondern auch als leer. Das hat
zunächst den Grund, daß wir es nicht mehr gewohnt sind, das
Metrum der Musik zu erfassen und zu spielen. Das betrifft die
Taktakzente. Wir betonen heute kaum noch die erste Zählzeit
des Taktes, wir *spielen* nicht mehr die Taktstriche; viel weniger
machen wir das metrische Akzentgefälle von 1 2 3 4 im Vier-
vierteltakt oder von 1 2 3 4 5 6 im Sechsachteltakt fühlbar.
Vielmehr spielen wir – im Sinne der unendlichen Melodie –
von Höhepunkt zu Höhepunkt. Wir tun das aufgrund tiefgrei-
fender Veränderungen in der Musik und aufgrund eines ge-
wandelten Verhältnisses der Musik zur Zeit.

Talsma glaubt, daß der Tanz der Ausgangspunkt[173] für das
metrische Verständnis der Musik war, und den mit dem Tanz
eng vertrauten Musikern der klassischen Zeit war dieser Umstand so selbstverständlich, daß man darüber keine Abhandlungen zu schreiben brauchte. Diese Kenntnisse verloren sich
im Lauf des 19. Jahrhunderts so weit, daß man schon um 1870
nichts mehr davon gewußt zu haben scheint.

Das metrische Verständnis verblaßte zugunsten einer *musikalisch freien Prosa.* Die wichtigste *Umschaltstelle* auf diesem
Weg dürfte die Musikauffassung Robert Schumanns gewesen
sein. Schumann betrachtete Jean Paul als seinen Lehrmeister
im Bereich der Musik. Angeregt von dessen Befürwortung der
freien Prosa in der Literatur, lobte Schumann in Besprechungen in seiner »Neuen Zeitschrift für Musik« an den ETÜDEN
Ferdinand Hillers und an der SINFONIE FANTASTIQUE von
Berlioz, daß die Musik sich »wieder zu ihren Uranfängen, wo
sie noch nicht das Gesetz der Taktschwere drückte, hinneige
und sich zur ungebundenen Rede... selbständig erhebe...«

Das musikalische Metrum spielte bei den Komponisten nach
Schumann eine immer geringere Rolle: bei Berlioz, Wagner,

Hugo Wolf, Reger, Richard Strauß bis hin zu Schönberg und seinem Kreis. Dort hat sich die *freie Prosa* soweit durchgesetzt, daß auch Taktstriche keine Akzentuierungen mehr bewirken. Die Taktakzente wurden weniger und weniger beachtet, sie bremsten die Darstellung nicht mehr, es wurde möglich, über sie hinweg und also schneller und schneller zu spielen. Dabei verblich das Wissen vom Metrum so weit, daß man gar nicht mehr fähig gewesen wäre, die Metronomzahlen metrisch zu lesen. Man verstand die Zahlen mathematisch – eine Entwicklung, die bis zur Schönberg-Kolisch-Schule abgeschlossen war.

Die Determinanten der europäischen Musik vom 17. bis zum 19. Jahrhundert sind 1. die Deklamation von Sprache (deshalb konnte die Musik *Klang-Rede* sein) und 2. der Tanz (deshalb gab und gibt es unterschiedliche Bewegungen in der Musik). Beide Determinanten haben das Verhältnis von Schwer-leicht, von Thesis-Arsis zur Grundlage. In der Musik, die in der Zeit der Herrschaft dieses Prinzips entstand, wurde die Thesis-Arsis-Folge hörbar gemacht, und sie muß heute, wenn man daran geht, ältere Musik ihrer Entstehungszeit entsprechend zu spielen, wieder hörbar gemacht werden.

Aus den Taktarten konnte man erkennen, auf welchen Notenwerten sich diese Ordnung abspielte:

Nicht nur die Taktakzente mußten fühlbar sein, sondern auch die – sozusagen – akzentmäßige Mikrostruktur. So ergibt sich auf jeder Zählzeit ein Schwer-leicht-Verhältnis:

Wenn man über diese Akzentuierung nicht hinweggehen will, braucht man mehr Zeit, als wenn man zum Beispiel eine solche Achtelfolge als Lauf unter dem Gesetz der Gleichmäßigkeit spielen würde.

Vor der Berücksichtigung aller anderen Einzelheiten führt schon die Beachtung des Thesis-Arsis-Gefälles zu einer Minderung der für uns üblichen hohen Geschwindigkeiten. Darüber hinaus läßt sich eine Liste von Spielprinzipien des 18. Jahrhunderts zusammenstellen, die den schnellen Ablauf zwangsläufig bremsen werden:

Ein *Schwer*, eine Setzung, eine Thesis bedeutete bis weit ins 19. Jahrhundert hinein in der Musik keineswegs einen *Knallton* und beim Tanz keineswegs ein Stampfen, sondern vielmehr ein kleines Verweilen, eine Länge bei gleicher Lautstärke. Auf den modernen Instrumenten, zum Beispiel auf dem Flügel, sind Akzente als *Knalltöne* leicht ausführbar, ohne eine Tempobremse zu bewirken. Ein Akzent als Länge nimmt dagegen Zeit in Anspruch, es entstehen kleine *Aufenthalte*, die ein Höchsttempo unmöglich machen.

Nicht nur schwächere und stärkere Akzente (−, >, ∧) bis zum sf wurden als Verlängerungen gespielt. Auch Synkopen und Dissonanzen wurden durch Verlängerungen besonders betont. Die jeweils ersten von mehreren gleichen Achtelnoten wurden ein wenig gehalten ♪ ♪ ♪ ♪. Es wurde viel öfter *inegal* gespielt, als wir es heute wissen oder gar tun. Zwischen verschiedenen musikalischen Gedanken atmete man und ließ sich dafür Zeit – wie man es bei einer Rede tut. Kein Wunder, daß auch das Rubato zu den Spielgepflogenheiten gehörte.

Solche Einzelheiten und viele andere mehr machten Musik zu einer Rede, in der eindringlich deklamiert wurde. Auf diese Weise erreichte man den Zuhörer und konnte ihm eine Botschaft übermitteln oder ihn in einen Affekt versetzen. Man konnte den Zuhörer »rühren«, wie es Couperin anstrebte und Ph. E. Bach es verlangte.

Ph. E. Bach legte Wert darauf, daß der Clavierist nicht nur »rührend«, sondern auch »deutlich« sei. Diese Forderung ging zurück auf die Figurenlehre, wo unterschiedliche musikalische Wendungen oder Elemente wie in der antiken Rhetorik eine inhaltliche Bedeutung hatten. Das Publikum der Zeit kannte die Bedeutung der einzelnen Figuren. Wir kannten sie bis vor kurzem nur als Gegenstand der Musikwissenschaft, ohne daß diese Kenntnis Auswirkungen auf die Interpretation der Barockmusik, zum Beispiel der Werke Bachs, gehabt hätte. Es ist als Sensation zu werten, daß heute ein Musiker, der Cembalospieler Walter H. Bernstein, »Die musikalischen Figuren als Artikulationsträger der Musik von etwa 1600 bis nach 1750«[174] untersucht, darstellt und auf die ZWEISTIMMIGEN INVENTIONEN von Bach anwendet. Er zeichnet in die Noten die einzelnen Figuren und ihre Auswirkungen auf die Artikulation ein. Es entstehen sehr gegliederte Melodieführungen. Aufgrund dieser Kenntnis ist es nicht mehr möglich, die Musik Bachs *gleichmäßig* oder gar *schnell* und *motorisch* abzuspulen.

Damit solche Figuren verstanden werden konnten, mußten sie *deutlich* vorgetragen werden, eben wie in einer Rede. *Deutlichkeit* blieb höchstes Gebot für die musikalische Ausführung. 200 Jahre später nannte Anton Webern (1883–1945) diese Forderung, bezogen auf die zwölftönige Musik, *Faßlichkeit*. Beide Prinzipien – Deutlichkeit so gut wie Faßlichkeit – schließen sehr hohe Geschwindigkeiten aus. In den von Quantz notierten Pulsfrequenzen für Allegro assai und Allegretto würden sie verlorengehen, wenn man die Tempi nicht metrisch, sondern mathematisch verstünde.

Ein ganz besonderes Dokument für den Zusammenhang von Musik und Rede wurde vor etwa 20 Jahren durch einen Neudruck wieder zugänglich, nachdem es mehr als 150 Jahre verschollen war oder nicht beachtet wurde: Anton Schindler behauptet, aus dem Besitz Beethovens einen Band mit den KLAVIERETÜDEN von J. B. Cramer aufbewahrt zu haben, den Beethoven für seinen Neffen mit Spielanweisungen versehen haben soll. Über wichtige Noten zeichnete er Akzente und beschrieb genau, wie diese ausgeführt werden sollten – nämlich exakt wie das Skandieren von Versen, obwohl der Notentext lauter gleichlange Werte zeigt (S. 145/146).

Nur wenn man die Metronomzahl nicht mathematisch, sondern metrisch versteht, lassen sich diese Akzentuierungen aus-

Ex. 4.
Beethoven
6
Con moto.
Ex. 4.
sempre legato.
cresc.
dim.
cresc.
T.H.4138.

Ex. 13. Zweck ist: *Übersicht der Längen u. Kürzen in Passagen. Der rhythm. Accent wirkt fast auf allein Takt-theilen vor, z. C. vom 2. bis inclus. 5. Takt, — vom 7. bis inclus. 11 Takt. Längen u Kürzen, denn wo man ich also bezeichne V u. unter die zu accentuirende Note setzer. Durch Benetzung der Längen u Kürzen bildet der natürliche Zug in die Schläge hinein; ohne die Benetzung verliert sich Schläge ihre Deutlichkeit. Beethoven.*

T.H.4138.

führen und ergeben musikalischen Sinn, indem nämlich aus Läufen deklamierte Sprache wird. Beethovens Autorschaft für diese Bemerkungen wird neuerdings angezweifelt.[175] Schindler soll sie – wie manche Passagen in den Konversationsheften – erfunden haben. Mag Beethovens Authentizität in Frage stehen; dennoch bleibt dieses Etüdenheft ein Dokument für das Musikverständnis der ersten Dezennien des 19. Jahrhunderts.

Schindler schreibt, daß Beethoven seine eigene Musik nach denselben Prinzipien konzipiert habe. Auch die Läufe in seinen Werken müßten demnach mit – nicht immer eingezeichneten – Akzenten und Längen gespielt werden. Es wäre also falsch, für das Laufwerk in Beethovens Stücken auf technische égalité zu drillen.

Höchst interessant ist in diesem Zusammenhang die Bemerkung Schindlers, daß Beethoven die hier diskutierte Art der Akzentuierung von Clementi gelernt und übernommen habe.[176] Das würde bedeuten, daß auch bei anderen Musikern der Zeit vom Notenbild her gleichmäßig aussehende Tonfolgen nicht in gleichmäßig aufeinanderfolgenden Tönen gespielt wurden. Das dürfte zumindest für den Umkreis Clementis, für seine Schüler, also die Londoner Pianistengruppe gelten: Field, Cramer, Berger, Clementi selbst. Die Musikwissenschaft hat sich mit diesen Fakten überhaupt noch nicht befaßt, nicht einmal im Zusammenhang mit Beethoven. Mit zunehmenden Kenntnissen dürften erhebliche Auswirkungen auf die Aufführungspraxis zu erwarten sein.[177]

Unter der Fixierung auf Geläufigkeit und Gleichmäßigkeit, den beiden Qualitäten, die sich mit Beginn der Virtuosität in den Vordergrund schoben, waren die Kenntnisse vom Zusammenhang der Musik mit der Prosodie, der Deklamationskunst, schnell vergessen. Je mehr sich das Wissen von den versöhnlichen Bedeutungen, die unter gleich aussehenden Noten lagen, verlor, um so überzeugter konnte man auf maschinengleiche Schnelligkeit und égalité drängen und im instrumentalpädagogischen Bereich drillen. Das gleiche Prinzip wendete man dann auch bei der Wiedergabe von Musik aus der Beethoven-Zeit an. Auf diese Weise kommt die uns heute geläufige Glätte zustande, wohingegen zur Zeit der Klassiker offenbar nichts maschinell schnurrte und abspulte, sondern vielmehr jede kleinste Einzelheit ausgeformt und *handgemacht* war.

Eine andere, für uns ebenfalls verschüttete Quelle für das Verständnis und die Interpretation älterer Musik ist der Tanz: Die Schritte und Bewegungen sind uns nicht mehr geläufig.

Die Rekonstruktion der Tempi alter Tänze[178] ist in zweifacher Hinsicht blockiert: 1. ist die Wiedergabe dieser Musik im gleichen Maße zu schnell oder zu langsam wie die der nichttanzgebundenen Musik auch, da ihr als Instrumental- oder Konzertmusik die gleichen Veränderungen durch Virtuosität, Industrialisierung und angewachsenes Geschwindigkeitsbewußtsein widerfahren sind wie der reinen Instrumentalmusik. Tänzer beklagen sich oft darüber, daß Instrumentalisten schneller spielen, als die jeweiligen Schritte und Bewegungen es erlauben. 2. Auch wenn Tänzer heute Tanzformen des Barock und des 18. Jahrhunderts außerordentlich korrekt studieren und auszuführen versuchen, geraten sie trotzdem leicht in ein zu hohes Tempo, weil sie dank der größeren sportlichen Tüchtigkeiten in der Gegenwart das Verlangte und damals Gebräuchliche leichter und geschwinder produzieren können, als dies früher der Fall war.

In diesem Zusammenhang sind die Pendelangaben von l'Affillard von unschätzbarem Wert.

Wenn man sich um die Rekonstruktion des Klangbildes von vor 150 und mehr Jahren bemüht, dann ist anzustreben, daß sich wieder allein aus der *Physiognomie* eines Notenbildes das Tempo erkennen läßt. Die genannte Literatur liefert die Details für die Entschlüsselung; jeder, der auf dieser Grundlage versucht, die gewonnenen Erkenntnisse am Instrument hörbar zu machen, sieht sehr schnell ein, daß dies in den heute üblichen Tempi nicht möglich ist – schon gar nicht innerhalb der durch Metronomzahlen scheinbar definierten Geschwindigkeit. Die wenigsten Werke von Mozart lassen sich unter Beachtung aller damaliger Spielgepflogenheiten in einem Metronomtempo von Moscheles, Czerny oder Tomaschek, kaum ein Satz von Beethoven läßt sich, wenn man alle vergessenen Traditionen berücksichtigen will, in dem von ihm per Metronomzahl angegebenen Tempo ausführen, sofern man diese mathematisch und nicht metrisch versteht.

Beim Bemühen um die Rekonstruktion alter Spielarten kommt jeder Instrumentalist von selbst auf sehr reduzierte Tempi. Er bemerkt sehr bald, daß die Musik an Aussage und Deutlichkeit gewinnt; es wird plötzlich wieder interessant, den Inhalt wahrzunehmen und ihn an den Zuhörer zu vermitteln.

Die Frage nach dem Tempo der Musik von Barock, Klassik und Frühromantik wird beantwortet von ihrem Inhalt, ihrem Sinn, ihrem Affekt und den im Notenbild zur Kennzeichnung dessen enthaltenen Chiffren. Die alten Instrumente – zum Beispiel Clavichord, Cembalo und Hammerklavier mit ihrem leichten Anschlag – hätten schnellere Tempi erlaubt. Über kurze Strecken wurden auch früher Töne sehr schnell hintereinander gespielt, zum Beispiel bei Verzierungen, Trillern, kurzen Läufen. Sie klangen auf den alten Instrumenten wegen des leichten Anschlags sogar viel graziöser als auf einem modernen Konzertflügel. Die alten Tasteninstrumente machten jedoch ein Schnellspielen über längere Zeit unmöglich: Die Mechanik war nicht robust genug, Saiten konnten reißen, auf jeden Fall verstimmten sie sich sehr rasch.

Ähnlich »unzuverlässig« waren Postkutschen, wenn sie über längere Strecken zu schnell fahren wollten.

23. Die Rechte des Zuhörers

In dem Aufsatz »Beethoven und das Metronom« stellt Peter Stadlen [179] bei Beethovens SYMPHONIEN, den STREICHQUARTETTEN, dem SEPTETT und der KLAVIERSONATE OP. 106 die Tempi der »gegenwärtigen Aufführungspraxis« den Beethovenschen Metronomzahlen mit dem Ziel gegenüber, seine »Argumente für ein sehr schnelles Tempo unterstützen zu können«. Er kommt zu folgendem Ergebnis: »Erreichte und nicht erreichte Beethoven-Ziffern sind in meinen Listen recht gleichmäßig verteilt: 29 gegen 24 in den SYMPHONIEN und dem SEPTETT, 30 gegen 32 in den elf QUARTETTEN, 3 gegen 2 in OP. 106, 8 gegen 8 in der NEUNTEN...« Stadlen untersucht auch »fast erreichte« Tempi und findet sogar Interpreten, die schneller sind, als Beethoven es zu verlangen schien.

Unabhängig davon, ob diese schnellen Tempi richtig oder sogar wünschenswert sind, liest sich der Artikel Stadlens wie die Reportage von einem sportlichen Ereignis, etwa einem Skirennen. Er wurde im Jahre 1967 geschrieben. Mehr als 200 Jahre früher meinte Carl Philipp Emanuel Bach in seinem »Versuch über die wahre Art das Clavier zu spielen«:

»Es ist unstreitig ein Vorurtheil, als wenn die Stärcke eines Clavieristen in der blossen Geschwindigkeit bestände. Man kann die fertigsten Finger, einfache und doppelte Triller haben, die Applicatur verstehen, vom Blatte treffen; ... alles ohne viele Mühe aus dem Stegreif transponiren, Decimen ja Duodecimen greifen, läufer und kreutzsprünge allerley Art machen können, und was dergleichen mehr ist; und man kan bey dem allen noch nicht ein deutlicher, ein gefälliger, ein rührender Clavieriste seyn. Die Erfahrung lehrt es mehr als zu oft, wie die Treffer und geschwinden Spieler von Profeßion nichts weniger als diese Eigenschaften besitzen, wie sie zwar durch die Finger das Gesicht in Verwunderung setzen, der empfindlichen Seele eines Zuhörers aber gar nichts zu thun geben.«

Folgendes ist in den zwischen Ph. E. Bach und Peter Stadlen liegenden 200 Jahren geschehen: Aus dem ursprünglichen Dreierbund von Komponist, Interpret und Zuhörer ist der Zuhörer herausgeboxt worden. Es geht nicht mehr um seine »empfindliche Seele«, sondern ausschließlich um den Interpreten und die zum Wettkampf hochgespielte Frage, ob er ein Tempo bewältigen kann oder nicht. Seit der HAMMERKLAVIERSONATE von Beethoven mit der sehr hohen Tempovorschrift Halbe Note = 138 ist die Formulierung »In diesem Tempo ausführbar« – oder »nicht ausführbar« – so etwas wie ein Wertsiegel für ein Musikstück geworden. Die Interpreten kämpfen um die Palme, und die Zuhörer stehen gewissermaßen am Rand – wie beim Skirennen – und sind dazu verdammt, passiv zuzuschauen. Die *Botschaft*, die ein Komponist möglicherweise an einen Zuhörer vermitteln möchte, ist kein Gegenstand des Schweißes der Edlen mehr.

Noch Mozart machte sich Gedanken über den Zuhörer. Man entnimmt das seinen Klagen über das Zu-schnell-Spielen[180]: »... die zuhörer ich meyne diejenigen, die würdig sind so genannt zu werden / können nichts sagen, als daß sie Musique und Clavier spielen – gesehen haben. sie hören, dencken – und empfinden so wenig dabey – als er ...« – der Spieler (vgl. S. 32).

Im 18. Jahrhundert war das Musizieren ein Element der Geselligkeit und der Mitteilung an andere, eine *Klang-Rede*. Die Präsentation einer solchen Rede, ihr *Vortrag* ist in den meisten Lehrbüchern ein gewichtiges Thema. Man lernt dort, daß man Musik spielen müsse, wie man Texte deklamiert, daß man deutlich spielen müsse, wie man eine Rede hält, da jedes Musikstück einen *Gedanken* habe. In der Klavierschule von A. E. Müller (1804) kann man lesen: »Der Vortrag ist für den Tonkünstler das, was für den Redner und Schauspieler die Deklamation ist.« Es geht jedoch nicht nur um die Übermittlung von Gedanken: Der Tonkünstler »soll die Musik zu einer Sprache erheben, die mächtiger und unwiderstehlicher wirkt als jede andere; ... so hat er auch die Seelen und Gefühle seiner

Hörer in seiner Gewalt – und erst dann drückt er auf das, was sonst ein Ohrgeklingel wäre, den Stempel der Kunst.«

In der Klavierschule von Simon Löhlein von 1765 liest man: ». . . wie überhaupt die Musick eine Sprache der Leidenschaften, z. E. der Freude und der Traurigkeit, der Liebe und des Hasses, des Mutes und der Feigheit, der Zufriedenheit und der Verzweiflung usw. ist, so muß auch ein Musikverständiger suchen, diese Affekten durch seinen Vortrag auszudrücken. . . um den Zuhörer in die Leidenschaft zu versetzen, die der Komponist zu erregen gesucht hat. . . Es ist daher notwendig, daß ein Musicus eine empfindliche Seele habe, die leicht in den Affekt übergeht; hat er die nicht, so wähle er lieber ein Handwerk zu seiner Hauptbeschäftigung, als eine von den freien Künsten.«

Um den Zuhörer in den Affekt zu versetzen, in dem er selbst sich befindet, muß der Spieler nicht nur empfinden, was er übermitteln möchte, nach Ph. E. Bach soll man einem Spieler sogar ansehen, welchen Affekt er darstellt. Die Konkordanz mit dem Zuhörer, die über den Weg der Musik zustandekommen kann, wurde als Ziel angestrebt. Couperin (1716) spricht von dem Glück, das er »erwerben konnte, Menschen von Geschmack, die mir die Ehre gaben, zuzuhören, zu rühren. . .«

Es ist durchaus denkbar, daß aufgrund des neuen Spiels im Originaltempo der Zuhörer wieder in den Dreierbund aufgenommen wird; vielleicht erringen auch die heutigen Spieler aus der Allianz mit dem Publikum wieder *Glück* und nicht nur die Goldmedaille in einem sportlichen Wettkampf.

24. Negation der herrschenden Kultur

Ein besonderer Streitpunkt zwischen den wiedergefundenen Spielgepflogenheiten der Hochklassik und der Schönberg-Kolisch-Adorno-Theorie liegt in der Beachtung des Taktschwerpunkts. Mit Verve wird vom Schönberg-Kreis ein Eingehen auf das Metrum verurteilt. Dazu H.-K. Metzger[181]:
»Das prinzipiell Sinnwidrigste von allem ist vielleicht die schematische Betonung des ›guten‹ Taktteils...«; und Rudolf Kolisch[182]: »Nicht nach dem Taktmaß artikulieren... Man ist hier [Schubert, STREICHQUARTETT C-DUR, OP. 956, 1. Satz] versucht, die langen Werte zu betonen, denn sie befinden sich ja am Taktanfang und auf dem sogenannten ›guten‹ Taktteil. Man sollte eher umgekehrt betonen... Die kurzen Werte des Auftaktes müssen sehr deutlich artikuliert werden.« Diese Auffassung steht in der Nachfolge von Hugo Riemanns Theorie, daß alle Musik auftaktig sei. Riemann formulierte seine Theorie schon vor 1900. Sie war in der Zeit, als das oben zitierte Gespräch mit Kolisch aufgezeichnet wurde (14. April bis 13. Juni 1978 in Kalifornien) und nachdem bereits eine Reihe von Arbeiten zur Aufführungspraxis der Hochklassik erschienen waren, absolut überholt.

Nichtsdestoweniger ist diese Verachtung des Taktmetrums, des »guten« Taktteils, die Basis für das ganz schnelle Spielen, für die Einhaltung der Metronomzahlen im mathematischen Verständnis. Kolisch hat, wie bereits erwähnt, bei einigen Werken Beethovens diese schnellen Metronomangaben sogar noch erhöht.

Die Nachfolger Schönbergs sind bei ihrer politischen Interpretation der Takt- und Tempoverhältnisse in der Aufführung klassischer Musik gewaltigen Blindheiten erlegen. Metzger schreibt zur Betonung des »guten« Taktteils[183]: »Sie ist nach Kolischs Analyse ein Überbauelement des monopolkapitalistischen Stadiums der Wirtschaft.« Als politische Rechtfertigung für die ungewohnt schnellen Tempi zum Beispiel bei Beethoven führt Metzger an[184]: »Korrekte Interpretationen von Musik wirken stets als Negation der herrschenden Kultur... Dabei ist Kolischs Rekonstruktion der authentischen Beethovenschen Tempi unwiderleglich... auf eine Veränderung des herrschenden Bewußtseins« abzielend. Ebenfalls H.-K. Metzger[185]: »Ich muß darauf insistieren, daß die affirmativen Züge, die an Beethovens Musik haften, namentlich auch das sattsam bekannte sogenannte ›Erhebende‹, weiterhin ganz schlicht durch falsche Tempi hervorgerufen werden.« Noch weiter geht H. Pauli[186]: »Eine adäquate Interpretation beispielsweise von Beethovens VIOLINKONZERT käme einer Kampfansage an die kapitalistische Klassengesellschaft gleich«, während das VIOLINKONZERT zur Stunde dazu mißbraucht werde, »den alles verklärenden Kulturbetrieb in Gang« zu halten.

Ihnen allen – auch Adorno – ist entgangen, daß das Hochpeitschen des Aufführungstempos die Musikdarbietung zur Zwillingsschwester der industriellen Produktion macht. In dieser Rolle, wo sie jedwedes Tempolimit hohnlachend ablehnt, ist sie eine wesentliche Säule des »alles verklärenden Kulturbetriebes«. Es stimmt, – nur mit entgegengesetztem Vorzeichen – daß die »falschen«, nämlich um das Doppelte zu schnellen Tempi, »affirmativ« zum »monopolkapitalistischen Stadium der Wirtschaft« stehen. Man kann Metzgers Sätze voll unterschreiben, wenn man das Gegenteil zur Grundlage nimmt[187]: »Schon längst kann die bürgerliche Gesellschaft, einst selber revolutionär, nicht mehr leben, ohne ihre Klassiker auf den Hund zu bringen. Korrekte Interpretationen ihrer Werke vermöchte sie sich in der Tat kaum noch zu leisten, denn sie fände ihre eigene Negation in ihnen angelegt.« Absolut richtig, sofern man unter der korrekten Interpretation die Beachtung der Temporeduktion und der übrigen vergessenen Traditionen versteht.

Man kann heutzutage nichts Wirkungsvolleres zur »Negation der herrschenden Unkultur« tun, als die geliebten Klassiker, die jedermann in mehrfacher Ausführung und in immer schnellerem Tempo in seinem Schallplattenschrank stehen hat, schlichtweg halb so schnell zu spielen oder zu dirigieren.

Peter Sloterdijk findet dazu kräftige Worte[188]: »...die Arbeitsrichtung einer solchen Bewußtmachung ist gerade nicht das Voran, sondern der Schritt zurück – das Sichausklinken aus dem Mitgerissenwerden im Beschleunigungsprozeß... es läßt sich eine Vorstellung davon entwickeln, welcher Empfang einer Kritik der politischen Kinetik bevorsteht; nur daß diesmal Marxisten, schöne Seelen und bürgerliche Pragmatiker in der großen Koalition der Mobilmacher zusammenstehen... ein großes Lob den Hindernissen?«

Soweit es um die Musik und die Reduktion ihres Tempos auf das klassische Maß geht, so ist zur Stunde kaum ein Interpret bereit und mit der nötigen Ausbildung ausgestattet, um sich auf dieses Abenteuer einzulassen.

Was kommt bei einer Reduktion des Tempos heraus? Anders gefragt: Hat sich die Musik durch das Schnellerspielen verändert? Der Musiker auch? Der Zuhörer sogar?

Die kritischen Urteile über Konzerte im vorigen Jahrhundert liefern uns dazu genaue Informationen. Folgende Veränderungen der Musik aufgrund des erhöhten Tempos werden konstatiert:

Nicht mehr höherer Ernst, Würde und Kraft, statt dessen Leichtfertigkeit; der Geist der deutschen Kompositionen bekommt durch das schnelle Tempo eine ganz andere Richtung; verhunzt durch übertriebenes Tempo; weder tiefere Rührung noch schmerzliches Mitgefühl; durch Flüchtigkeit geht die schönste Wirkung verloren; alle Poesie schwindet; die Musik verlor ganz ihre Bedeutung; das Stück verlor seinen gemütlichen Charakter; nicht wiederzuerkennen; erregte größte Langeweile; wurde zur Salonmusik.

Aus solchen Urteilen aus der Zeit zwischen 1780 und 1830 läßt sich ermessen, wie die Musik durch die Interpreten und den sich wandelnden Zeitgeschmack verändert wurde, wie man bereits zu Mozarts Zeiten und sozusagen unter den Augen des Komponisten anfing, Inszenierungen zu spielen.

Und was liefert das Zurückführen auf das *klassische* Tempo, verbunden mit der Beachtung der vergessenen Spieltraditionen? Ist es möglich, die verschütteten Botschaften der Klassiker wieder erkennbar zu machen? Vergleiche einiger klassischer *Evergreens* in heutigen Aufführungen – die meisten sind in mehrfachen Einspielungen zu haben – mit Äußerungen aus der Zeit ihrer Entstehung führen erstaunlich weit.

Auf die Dauer muß natürlich sämtliche Musik der Klassik neu aufgerollt werden. Das könnte die reizvolle Aufgabe der nächsten Dezennien werden. Ein Abenteuer nach dem anderen steht bevor, wenn man sich daranmacht, die zum Teil sehr abgespielten Stücke aufzuknacken. Das verlangt Unvoreingenommenheit, Geduld des Sich-Einhörens und – nicht zu vergessen – eine Menge Übung. Die Ernte wird eine Fülle von Neuinszenierungen klassischer Musik sein, Erstaufführungen für unsere Ohren und Gemüter.

Im reduzierten Tempo steht man eine *Länge*, eine *Dauer* wieder durch wie einstmals einen Ritt mit Unebenheiten, Deichselbrüchen und allen möglichen damals normalen Mißgeschicken. Die Längen werden nicht mehr – durch ein *zügiges* Tempo – abgekürzt wie bei einer Eisenbahnfahrt oder einem Flug, es gibt keine *Tranquilizer*, und man hängt nicht im Dämmerzustand als Paket in seinem Sessel. Wenn man sich auf die Einzelheiten einläßt, wird die Länge kurzweilig, weil viel mehr passiert. Und es gibt schließlich nicht nur Katastrophen – auch die *wunderschönen Stellen* sind Gott sei Dank nicht mehr so schnell vorbei!

Über den Weg der Aufführung im Originaltempo befreit man die Musik der Klassik von dem stromlinienförmigen Schick, der Schnittigkeit, die ihr heute eigen ist – man nimmt ihr die Nähe zum Industrieprodukt.

Die Ansprüche an die Zuhörer wachsen – und im gleichen Maße wächst ihr Vergnügen: Die Musik rauscht und jagt nicht mehr vorbei, der Zuhörer wird im Gegenteil gezwungen, jede Einzelheit wahrzunehmen, in jeder Lücke, bei jedem langen Ton zu bangen, bei jeder Stille aufzuatmen... die Schrecken werden ihm nicht verheimlicht, und wenn es *himmlisch* wird, darf er es voll auskosten.

Die Produkte der Interpretation werden interessanter, farbiger. Die Klassiker werden als menschliche Existenzen glaubhafter. Sie sagen Dinge, die wir nicht kennen, weil sie uns verlorengegangen sind. Vieles wird uns so fremd sein wie die Realitäten des Denkens, Lebens, Reisens der Menschen vor 200 Jahren.

Ein anderes, für uns verschüttetes Lebensgefühl könnte ahnbar werden. Es mag oft mit Worten beschrieben worden sein; die Literatur, die Architektur, die Gemälde und Skulpturen strömen es aus, aber die Musik vermag das Einmalige: sie kann uns jene verschüttete Welt selbst fühlen, selbst erleben lassen, indem sie uns erlaubt und dazu verführt, unseren schnellen Puls unmittelbar an ihren *klassischen* anzuschließen, bei jeder Aufführung im Originaltempo.

Den möglichen therapeutischen Effekt auszumalen und zu beschreiben, würde ein zweites Buch füllen.

Anmerkungen

1 Kaiser, J. Beethovens 32 Klaviersonaten und ihre Interpreten, S. 173

2 Vgl. Abschnitt 21: Die Entdeckung von W. R. Talsma

3 Sloterdijk, P. Neuzeit als Mobilmachung, S. 64

4 Wendorff, R. Zeit und Kultur, S. 28 ff

5 Vgl. Riethmüller, Albrecht und Zaminer, Frieder (Hg.) Die Musik des Altertums. Kapitel V: Musik zwischen Hellenismus und Spätantike

6 Briner, Andreas. Versuch über die musikalische Zeitgestalt und ihre Wandlung in der europäischen Musik seit der mensuralen Mehrstimmigkeit, S. 10

7 Nicht einmal Wendorff, der zu jeder von ihm behandelten Epoche ein Kapitel über die zugehörige Musik schreibt, geht auf diese Frage ein.

8 Vgl. Le Goff, Jaques. Die Kultur des europäischen Mittelalters

9 Peter Henlein wird von der Uhrenforschung nicht mehr als der Erfinder der kleinen tragbaren Uhren angesehen, jedoch durchaus als ein Meister der Uhrmacherkunst, der auch viele solcher Uhren hergestellt hat; vgl. Ballweg, Manfred. Bruckmann's Uhrenlexikon, S. 147

10 Zu nennen wären Sebald Heiden (1499–1561), der wie Henlein in Nürnberg wirkte; Hans Buchner (1483–1538), der am Konstanzer Münster angestellt war; Stefano Vanneo (1493–1540), der als rector cantus in Ascoli Piceno die musica Theorica ausschließlich vom Standpunkt der Praxis aus behandelte; Giovanni Maria Lanfranco (gest. 1545 in Parma), von dem einer der frühesten Berichte über das Taktschlagen überliefert ist; schließlich Franchinus Gaffurius (1451–1522), der sich mit musikalischen Erscheinungen als lebendigen Erfahrungstatsachen befaßte, und damit Distanz zur antiken und mittelalterlichen Theorie legte.

11 Zum Beispiel im ›Libro dell'arte del danzare‹ von Antonio Cornazzo (1455)

12 Entnommen aus: Wendorff, a. a. O. S. 137

13 Vgl. Weber, M. Die protestantische Ethik und der Geist des Kapitalismus, S. 166

14 Ebenda, S. 66 ff

15 Ebenda, S. 167 f

16 Entnommen aus: Wendorff, a. a. O. S. 278

17 Vgl. Thompson, E. P. Zeit, Arbeitsdisziplin und Industriekapitalismus, S. 39

18 Sloterdijk, a. a. O. S. 74

19 Ebenda, S. 72

20 Zitiert nach: Wendorff, a. a. O. S. 285

21 Selbst die Fugen des Wohltemperierten Klaviers von J. S. Bach bezeichnet Forkel in seiner Bachbiographie als verkappte Tänze

22 Vgl. Feldmann, Fritz. Von der Basse danse bis zum Menuett, S. 4 f

23 Ebenda, S. 30, Anm. 1

24 Zu einem neuen und gewissenhaften Studium der Musik bis zur Mitte des 19. Jahrhunderts sollte deshalb dringend das Studium historischer Tänze gehören – aber in praxi. Talsma (a. a. O. S. 142, 154) sieht darin eine unerläßliche, aber auch sehr erfrischende Ergänzung des Instrumentalstudiums.

25 Modernisiertes Deutsch, original in: Gerle, H. Musica teutsch, 1532, fol. B. 3v

26 Beschreibung eines Pendels nach Henri Louis Choquel von 1762, entnommen aus: Talsma, a. a. O. S. 78

27 Ebenda, S. 78, ebenfalls Choquel

28 W. R. Talsma geht sehr ausführlich auf den Bau und die Anwendung von Pendeln ein (a. a. O. S. 77 ff)

29 Loulié, Etienne. Elémens ou principes de musique, mis dans un nouvel ordre. Christophe Ballard, Paris 1696; Nachdruck Minkoff Reprint, Genève 1971.

30 Sauveur, Joseph. Principes d'acoustique et de musique ou système général des intervalles des sons & de son application à tous les systèmes & à tous les instrumens de musique. Paris 1701; Nachdruck Minkoff Reprint, Genève 1973.

31 Affillard, Michel l', Paris 1705, Nachdruck Minkoff Reprint, Genève 1971

32 Vgl. Talsma, a. a. O. S. 78, 80, 83, 88 f

33 Sloterdijk, a. a. O. S. 72

34 Quantz, J. J. Versuch einer Anweisung die Flöte traversière zu spielen. Berlin 1752; 3. Auflage, Breslau 1789; Nachdruck, Bärenreiter Verlag

35 Türk, D. G. Klavierschule oder Anweisung zum Klavierspielen für Lehrer und Lernende mit kritischen Anmerkungen. Leipzig und Halle 1789, 2. Auflage 1802; Nachdruck Bärenreiter Verlag

36 Stöckel, J. G. E. Abhandlung über die Wichtigkeit der richtigen Zeitbewegung..., S. 661

37 Quantz, a. a. O. S. 267

38 Talsma, a. a. O. S. 108

39 Entnommen aus: G. Schünemann. Geschichte des Dirigierens, S. 112/13

40 Kunze, Stefan. Ludwig van Beethoven. Die Werke im Spiegel seiner Zeit, S. 470

41 Aus Schünemann, a. a. O. S. 275

42 Ebenda, S. 159, Anm.

43 Ebenda, S. 158

44 Ebenda, S. 157

45 Vgl. Stichwort ›Takt‹ in: Kluge. Etymologisches Wörterbuch, Berlin 1963; und Duden, Das große Wörterbuch der deutschen Sprache in 6 Bänden, 1981

46 Schünemann, a. a. O. S. 22

47 Adorno, Theodor W. Einleitung in die Musiksoziologie, S. 115

48 Stöckel, J. G. E. Über den musikalischen Chronometer, II. Abteilung, S. 674

49 Stöckel veröffentlichte auch Einstellungen auf seinem Chronometer für das »Tonstück: der Tod Abels; nach dem Klavierauszuge, bey Breitkopf. Leipzig 1771«. Darin zeigt sich, daß der Umgang mit seiner Skala von 0–84 gar nicht so einfach war; a. a. O. S. 678

50 Die englische und die französische Fassung liegen im Archiv der Gesellschaft der Musikfreunde in Wien (vgl. auch: Talsma, a. a. O. Kapitel C: Das Metronom, S. 122 ff)

51 Schindler. Beethoven, I S. 192

52 Ebenda, I S. 192

53 Ebenda, S. 193

54 Ebenda, II S. 246 ff

55 Ebenda, I S. 195/6. Dazu: Howell, Standley. Der Mälzelkanon – eine weitere Fälschung Schindlers?; John, Kathryn. Das Allegretto-Thema in op. 93, auf seine Skizzen befragt; Goldschmidt, Harry. »Und wenn Beethoven selber käme...« Weitere Aspekte zum Mälzelkanon. Alle in: Zu Beethoven. Aufsätze und Dokumente 2

56 Schindler, a. a. O. II S. 250. Dazu meint Standley Howell: »Das ist offenkundig absurd, da alle Metronome auf die Zahl der Schläge pro Minute geeicht sind.« A. a. O. S. 170

57 Czerny, Carl. Über den richtigen Vortrag der sämtlichen Beethovenschen Klavierwerke, Neudruck Wien Universal Edition. Czerny wurde 1801 Beethovens Schüler und studierte viele Werke gleich bei ihrem Erscheinen mit ihm. Vgl. 2. Capitel, Fußnote

58 Kunze, a. a. O. S. 264

59 Georg Nikolaus Nissen (1761–1826) war nach W. A. Mozarts Tod mit Constanze verheiratet. Er verfaßte, weitgehend von ihr unterstützt, eine Biographie über Mozart, die erst nach Nissens Tod (1828) erschien.

60 Gottfried Wilhelm Fink war von 1828 bis 1844 Redakteur der Leipziger Allgemeinen Musikalischen Zeitung; sein Artikel erschien im Juni 1839.

61 Kunze, a. a. O. S. 366

62 Vgl. S. 37; und Kunze, a. a. O. S. 470

63 Schindler. Beethoven, II S. 242, Anm. 2

64 Anton Schindler. Der Freund Beethovens. Sein Tagebuch aus den Jahren 1841–43. Die folgenden Zitate finden sich dort ab S. 44

65 Ebenda, ab S. 112

66 Dazu: Wehmeyer, Grete. Carl Czerny und die Einzelhaft am Klavier oder die Kunst der Fingerfertigkeit und die industrielle Arbeitsideologie, S. 151 ff

67 Weber, M., a. a. O. S. 176 ff

68 Für die Literatur beleuchtet dieses Faktum: Bachtin, Michail, in: Rabelais und Gogol, Die Wortkunst und die Lachkultur des Volkes (S. 338) und Die beiden stilistischen Linien des europäischen Romans (S. 251), beide in: Die Ästhetik des Wortes

69 Zitiert nach: Wendorff, a. a. O. S. 276
70 Zitiert nach: Ordnung, Fleiß und Sparsamkeit. Texte und Dokumente
    zur Entstehung der »bürgerlichen Tugenden«, S. 260 ff
71 Zitiert nach: Wendorff, a. a. O. S. 284
72 Thompson a. a. O. S. 53
73 Commer, Heinz. Managerknigge, S. 115
74 Vgl. Franke, Berthold. Die Kleinbürger. Begriff, Ideologie, Politik,
    S. 214 ff
75 Adorno, Theodor W. Theorie der Halbbildung, S. 118
76 Franke, a. a. O. S. 216
77 Vgl. auch: Weissmann. Der Virtuose, sowie Wehmeyer. Carl Czerny,
    a. a. O. S. 131
78 Kunze, a. a. O. S. 138
79 Brief Schindlers an Robert Schumann vom 12. September 1836, in:
    Korrespondenz an Schumann, entnommen aus: M. Becker, a. a. O.
    S. 23, Anm. 30
80 Kunze, a. a. O. S. 474
81 Ebenda, S. 475
82 Schindler. Beethoven, II S. 205
83 Heine. Werke und Briefe Bd. 6, Berlin 1972, S. 478
84 Ausführliche Darstellung der Bedeutung der Eisenbahn in: Hoeges,
    Dirk. Alles veloziferisch: Die Eisenbahn – Vom schönen Ungeheuer zur
    Ästhetik der Geschwindigkeit
85 Ebenda, S. 9
86 Ebenda, S. 17
87 Heine, a. a. O.
88 Zitiert nach: Hoeges, a. a. O. S. 20
89 Sloterdijk, a. a. O. S. 76
90 Der Futurismus. Manifeste und Dokumente einer künstlerischen Revo-
    lution, S. 33 f
91 Ebenda, S. 86 ff
92 Ebenda, S. 88
93 Adorno, Theodor W. Neue Tempi
94 Dahlhaus, Carl. Ludwig van Beethoven und seine Zeit, S. 100 ff
95 Kunze, a. a. O. S. 187
96 Hoeges, a. a. O. S. 35
97 Entnommen aus: Schivelbusch, Wolfgang. Geschichte der Eisenbahn-
    reise, S. 40
98 Ebenda, S. 39
99 Hoeges, a. a. O. S. 39
100 Sloterdijk, a. a. O. S. 68
101 Hoeges, a. a. O. S. 36/7
102 Rehbein, Elfriede. Zu Wasser und zu Lande, S. 195
103 Entnommen aus: Wendorff, a. a. O. S. 386
104 Virilio, Paul. Fahren, fahren, fahren... S. 92
105 Sloterdijk, a. a. O. S. 61

106 Ebenda, S. 66
107 Zitiert nach: Schünemann. Geschichte des Dirigierens, S. 329
108 Vgl. Hanslick, Eduard. Geschichte des Concertwesens in Wien, S. 332
109 Schindler. Beethoven, I S. 263
110 Hanslick, nach Schindler, II S. 270
111 Derselbe, ebenda
112 Derselbe, ebenda
113 Vgl. Abschnitt 22: Die vergessenen Spielgepflogenheiten
114 Schindler. Beethoven, II S. 265 ff
115 Zu bedenken ist die Einstellung Robert und Clara Schumanns zu den
    Klassikern. Vgl. Katzenberger, Günter. Materialien zu Clara (und Ro-
    bert) Schumanns Mozart- und Beethovenauffassung
116 Zitiert nach Schindler. Beethoven, I S. 272
117 Virilio, Paul, a. a. O. S. 35, 88, 89.
118 Prof. Dr. Jean Vincent Kisselbach, (Köln), Geiger, Mediziner und Physi-
    ker, befaßt sich intensiv mit dieser Fragestellung
119 Vgl. Alban Berg, in Leben und Werk in Daten und Bildern, hrsg. von
    Erich Alban Berg, mit Faksimiles der Programme, S. 160–62
120 Vgl. Türcke. Rudolf Kolisch. Eine biographische Skizze, in: Rudolf Ko-
    lisch. Zur Theorie der Aufführung, S. 123
121 Schönberg, Arnold. Über Metronomisierung, in: Beethoven. Das Pro-
    blem der Interpretation, S. 11, Anm. 7
122 Ebenda, S. 10
123 Adorno, a. a. O. S. 76 ff
124 Virilio, a. a. O.
125 Sloterdijk, a. a. O. S. 68
126 Vgl. Talsma, a. a. O. S. 100
127 Vgl. Larsen, Jens Peter. Handelian Tempo Problems and Messiah,
    S. 33 f. Larsen behandelt Händels Notizen mit großer Vorsicht. Es ist
    sicher voreilig, aus diesen Notizen Händels zu folgern, daß seine Musik
    und die Musik der ganzen Zeit unglaublich schnell gespielt worden sei
    und heute gespielt werden müsse – wie Klaus Miehling behauptet. Vgl.
    Das Tempo in der Musik des Hoch- und Spätbarock mit zusätzlicher
    Berücksichtigung einiger früherer und späterer Quellen.
128 Vgl. G. Wehmeyer, Zu Hilfe! Zu Hilfe! Sonst bin ich verloren. Mozart
    und die Geschwindigkeit. Kapitel 4
129 Czerny, a. a. O. S. 113
130 Temperley, Nicholas. Tempo and repeats in the early nineteenth century
131 Ebenda, S. 328. Die Notizen von Smart müssen unter Berücksichtigung
    der neuen Metronomtheorie noch einmal analysiert werden.
132 Metzger, Heinz-Klaus. Restitutio Musicae, S. 64
133 Brief an die Fürstin Wittgenstein vom 20. 10. 1876
134 In der Besprechung der Uraufführung heißt es: »Die Meynungen der
    Zuhörer über das Werk waren getheilt. Viele bewunderten es, alle fan-
    den es entsetzlich lang...« AmZ 1807, vgl. Kunze, a. a. O. S. 51

135 Aus der Besprechung in der AmZ: »Was kann der Ref. von diesem musikalischen Ungeheuer sagen?... Sie besteht aus Vier Sätzen, deren jeder beinah ¼ Stunde, mithin das Ganze wenigstens ¾ Stunden dauert...«; zitiert in Kunze, a. a. O. S. 288

136 Kunze, a. a. O. S. 499
Solche Unterschiede betreffen natürlich nicht nur die Werke von Beet-
hoven. Als Beispiel der *Erlkönig* von Schubert: Er ist eins von den vier
Werken Schuberts, die vom Komponisten eine Metronomangabe erhiel-
ten – ♩ = 152. Führt man das Lied in diesem Tempo metrisch verstanden
auf, also ♪ = 152, dann dauert es 7 *Minuten 20 Sekunden.*
Hier die Zeiten einiger berühmter Sänger:
H. Prey 4'25; W. Hollweg 4'14; P. Lagger 4'15; G. Souzay 3'21; D. Fi-
scher-Dieskau 4'10; Christa Ludwig 3'54; E. Schwarzkopf 3'42; Th.
Adam 4'18; Lotte Lehmann 3'; H. Schlusnus 4'01; H. Rehkämper
3'50; Lula Mysz-Gmeiner 4'17; Sigrid Onegin 3'54

137 Schindler. Beethoven, I S. 150

138 Derselbe, I S. 148

139 Kunze, a. a. O. S. 35

140 Ebenda, S. 62

141 Ebenda, S. 470 f

142 Ebenda, S. 36

143 Ebenda, S. 426 und 484

144 Ebenda, S. 479

145 Schindler. Beethoven, I S. 201

146 Kunze, a. a. O. S. 178

147 Osborne, Richard. Rossini, S. 170/71 (deutsche Ausgabe)

148 Schindler. Beethoven, I S. 124 f

149 Schindler. Tagebuch, S. 119 f

150 Formulierung von: Virilio, Paul. Geschwindigkeit und Politik

151 Zum Beispiel: Peter Michael Hamel. La Monte Young

152 Steve Reich. Phil Glass

153 Genauere Angaben zu den im Folgenden genannten Aufsätzen im Lite-
raturverzeichnis

154 Vgl. Abschnitt 16: Aufführungsdauern

155 J. B. Cramer. 21 Etüden für Klavier nebst Fingerübungen von Beet-
hoven. Nach dem Handexemplar Beethovens aus dem Besitz Anton
Schindlers, hrsg. von Hans Kann. Es gibt Zweifel an der Echtheit. Vgl.
Abschnitt 22: Die vergessenen Spielgepflogenheiten, Anm. 5

156 Newman, William S. On the rhythmic Significance of Beethoven's Annotations in Cramer's Etudes; und Goldschmidt, Harry. Beethovens
Anweisungen zum Spiel der Cramer-Etüden

157 Vgl. Türcke, Berthold, a. a. O. S. 123

158 Rothschild, Fritz. Vergessene Traditionen, S. 100–103, 147

159 Vgl. Kämper, Dietrich. Zur Frage der Metronombezeichnungen Robert
Schumanns

160 Musik-Konzepte, Band 8

161 Talsma, a. a. O. S. 8

162 Ebenda, S. 7

163 Ebenda, S. 20

164 Ebenda, S. 80 ff

165 Ebenda, S. 81

166 Von Talsma ausführlich behandelt auf S. 84/85. Erich Schwandt kommt in seinem Artikel L'Affillard in the French Court Dances über die Frage und die praktische Erfahrung der Ausführbarkeit der sehr schnellen Tempi beim Tanz zu der Konsequenz, daß die Pendelangaben halbiert werden müssen. Das war bereits 1974. Talsma teilt dazu mit, daß er seine Theorie bereits 1970 zum 200. Geburtstag Beethovens vorgetragen und auch mit Schwandt über diese Theorie gesprochen habe. Schwandt nennt den Namen Talsmas in seinem Artikel nicht.

167 Talsma, a. a. O. S. 22

168 Für Talsma gibt es keinen Zweifel an der unterschiedlichen Leseweise von schnellen und langsamen Sätzen, soweit es um die Metronombezeichnungen geht. Dagegen ist R. Erig überzeugt davon, daß auch die Zahlen für Andante und Adagio als ›Versfüße‹ zu verstehen sind und für die Interpretation halbiert werden müssen. Vgl. R. Erig. Zum ›Pulsschlag‹ bei Johann Joachim Quantz.
Clemens von Gleich: Zur Theorie des variablen Metronomgebrauchs, S. 49, zeichnete eine Kurve für die Spieltempi in ansteigender Richtung als Beweis dafür, daß die Kontinuität zwischen Adagio, Andante, Allegretto und Allegro verlorenginge, wenn man die Zahlen unterhalb des Allegro ebenfalls metrisch verstände. (Abbildung der Kurve auf S. 168)

169 Vgl. Kämper, a. a. O. S. 142

170 Beispiele finden sich ebenda auf S. 145 ff. Von literarischer Seite stellt Manfred Eger die üblichen Spieltempi der Werke Schumanns in Zweifel: ›Träumerei‹ und andere Mißverständnisse. Jean Paul als Schlüssel zur Deutung und Wiedergabe der frühen Klavierwerke Robert Schumanns. Vgl. auch Kap. 22, S. 141

171 Talsma, a. a. O. S. 175

172 Vgl. Versuch über die wahre Art das Clavier zu spielen

173 Talsma, a. a. O. S. 83 ff

174 Bernstein, Walter H. Die musikalischen Figuren als Artikulationsträger der Musik von etwa 1600 bis 1750, noch als Manuskript

175 Vgl. Beck, Dagmar und Herre, Grita. Anton Schindlers ›Nutzanwendung‹ der Cramer-Etüden. Zu den sogenannten Beethovenschen Spielanweisungen, in: Zu Beethoven. Aufsätze und Dokumente 3, S. 177 ff

176 Schindler. Beethoven, II S. 182 und 233, sowie Begleittext Schindlers zu den Etüden

177 Hochinteressant und wegweisend ist in diesem Zusammenhang ein Bezug zu dem englischen Dichter Chaucer, den Newman herstellt. On the rhythmic Significance…

178 Taubert, Karl Heinz, gibt Metronomzahlen für historische Tänze, die er natürlich mathematisch versteht. Er ist der nicht seltenen, aber kaum

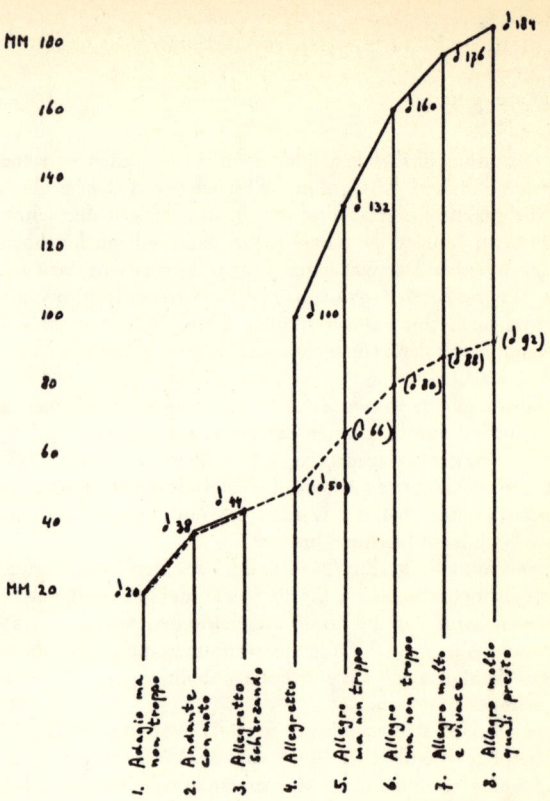

Clemens v. Gleich, Kurve für die Spieltempi

überzeugenden Auffassung, daß die Tänze (hier die Allemande), getanzt im historischen Kostüm, langsamer zu spielen seien. Das schließt die ebenfalls häufig geäußerte und gepflegte Meinung ein, daß historische Tänze als Instrumentalmusik so schnell gespielt werden dürfen, wie die Finger es für richtig halten. Vgl. Das Zeitmaß bei der musikalischen Interpretation alter Tanzformen, S. 39

179 In: Beethoven. Das Problem der Interpretation, S. 12 ff
180 Vgl. Brief vom 17. Januar 1778

181 Metzger, Heinz-K. Zur Beethoven-Interpretation, S. 8
182 Kolisch, Rudolf. Zur Theorie der Aufführung, S. 73 und 75
183 Metzger, a. a. O. S. 8
184 Ebenda, S. 6 und 7
185 Ebenda, S. 8
186 Pauli, Hansjörg. Un certain sourire, S. 30
187 Metzger, a. a. O. S. 8
188 Sloterdijk, a. a. O. S. 74

Literaturhinweise

- Adorno, Theodor W. Einleitung in die Musiksoziologie, Frankfurt 1961
- derselbe: Theorie der Halbbildung, Frankfurt 1959
- derselbe: Neue Tempi, in: Moments musicaux, Frankfurt 1964
- Appollonio, Umbro. Der Futurismus. Manifeste und Dokumente einer künstlerischen Revolution, Köln 1972
- Auhagen, Wolfgang. Chronometrische Tempoangaben im 18. und 19. Jahrhundert, in: Archiv für Musikwissenschaft, XLIV. Jahrgang, Heft 1, 1987
- Babitz, Sol. Modern Errors in Mozart Performance, in: Accent and Silence 1964, S. 62 ff
- Bach, Carl Philipp Emanuel. Versuch über die wahre Art das Clavier zu spielen mit Exempeln und achtzehn Probestücken in sechs Sonaten erläutert. 1. Teil, Berlin 1753, 2. Teil 1762. Neudruck Leipzig 1957
- Bachtin, Michail. Die Ästhetik des Wortes, Frankfurt 1979
- Ballweg, Manfred (Hg.) Bruckmann's Uhrenlexikon, München 1980
- Beck, Dagmar und Herre, Grita. Anton Schindlers »Nutzanwendung« der Cramer-Etüden, in: Zu Beethoven. Aufsätze und Dokumente 3, Berlin 1988
- Berg, Erich Alban, Hg. Alban Berg, Leben und Werk in Daten und Bildern, Frankfurt 1976
- Bernhard, Christoph. Traktat, 1457
- Bernstein, Walter H. Die musikalischen Figuren als Artikulationsträger, 1989, Manuskript
- Briner, Andreas. Versuch über die musikalische Zeitgestalt und ihre Wandlung in der europäischen Musik seit der mensuralen Mehrstimmigkeit, Zürich 1955
- Commer, Heinz. Managerknigge. Moderne Umgangsformen im beruflichen Alltag, Düsseldorf, 5. Aufl. 1987
- Cox, H. Bertram, & Cox, C. L. E. Leaves from the Journals of Sir George Smart, London 1907
- Cramer, Johann Baptist. 21 Etüden für Klavier nebst Fingerübungen von Beethoven. Nach dem Handexemplar Ludwig van Beethovens herausgegeben von Hans Kann, Wien 1974
- Czerny, Carl. Über den richtigen Vortrag der sämtlichen Beethoven'schen Klavierwerke, Band IV der ›Vollständigen theoretisch practischen Pianoforte-Schule op. 500‹. Neudruck bei Universal Edition, Wien
- Dahlhaus, Carl. Ludwig van Beethoven und seine Zeit, Laaber 1987
- Eger, Manfred. Die ›Träumerei‹ und andere Mißverständnisse. Jean Paul als Schlüssel zur Deutung und Wiedergabe der frühen Klavierwerke Robert Schumanns, in: NZ 1985, Heft 3
- Engel, Hans. Probleme der Aufführungspraxis, Salzburg 1970
- Erig, Richard. Zum ›Pulsschlag‹ bei J. J. Quantz, in: Tibia 7, 1982

- Feldmann, Fritz. Historische Tänze der musikalischen und choreographischen Weltliteratur. Von der Basse danse bis zur Allemande, in: Die Tanzarchiv-Reihe 15/16
- Franke, Berthold. Die Kleinbürger. Begriff, Ideologie, Politik, Frankfurt 1988
- Gerle, Hans. Musica teutsch, 1532
- Gerstenberg, Walter. Authentische Tempi für Mozarts Don Giovanni, in: Mozart-Jahrbuch 1960/61, Salzburg 1961
- Gleich, Clemens v. Das Metronom und seine Deutung, in: Neue Zeitschrift für Musik 1986, Heft 1
- derselbe: Die frühesten Quellen zur Temponahme bei Mozart, in: Mitteilungen zur Internationalen Stiftung Mozarteum 1987
- derselbe: Originale Tempoangaben bei Mendelssohn, in: Festschrift Rudolf Elvers, Tutzing 1985
- derselbe: Die Theorie des variablen Metronomgebrauchs, in: Die Musikforschung, Januar 1988
- derselbe: Mozart, Takt und Tempo. Neue Anregungen zum Musizieren. Verlag E. Katzbichler, München und Salzburg 1993
- derselbe: Beethoven ›klassiek‹ of ›authentiek‹? Een onmogelyke kenze. Den Haag, Selbstverlag, 1993
- Goldschmidt, Harry. Beethovens Anweisungen zum Spiel der Cramer-Etüden, in: Bericht über den Internationalen Beethoven-Kongreß 1970 in Berlin, Berlin 1971, S. 545
- derselbe: »Und wenn Beethoven selber käme...« Weiteraspekte zum Mälzelkanon, in: Zu Beethoven. Aufsätze und Dokumente 2, Berlin 1984, S. 185
- Heine, Heinrich. Werke und Briefe, Berlin 1972
- Hoeges, Dirk. Alles veloziferisch. Die Eisenbahn – vom schönen Ungeheuer zur Ästhetik der Geschwindigkeit, Rheinbach-Merzbach 1985
- Howell, Standley. Der Mälzelkanon – eine weitere Fälschung Schindlers?, in: Zu Beethoven. Aufsätze und Dokumente 2, Berlin 1984, S. 163
- John, Kathryn. Das Allegretto-Thema in op. 93 auf seine Skizze befragt, in: Zu Beethoven. Aufsätze und Dokumente 2, Berlin 1984
- Kaiser, J. Beethovens 32 Klaviersonaten und ihre Interpreten, Frankfurt 1975
- Kämper, Dietrich. Zur Frage der Metronombezeichnungen Robert Schumanns, in: AfM Jg. 1964 XXI, S. 151
- Katzenberger, Günter. Materialien zu Clara (und Robert) Schumanns Mozart- und Beethovenauffassung. Festschrift Erich Valentin zum 70. Geburtstag. Regensburg 1976
- Kolisch, Rudolf. Zur Theorie der Aufführung, in: Musik-Konzepte 29/30. München 1983
- Kunze, Stefan (Hg.) Ludwig van Beethoven. Die Werke im Spiegel seiner Zeit, Laaber 1987
- Larsen, Jens Peter. Handel Studies, in: American Choral Review, Volume XIV, Number 1, 1972

- Le Goff, Jacques. Die Kultur des europäischen Mittelalters, München 1970
- Lohmann, Ludger. Studien zu Artikulationsproblemen bei den Tasteninstrumenten des 16.–18. Jahrhunderts, Regensburg 1982
- Metzger, Heinz-Klaus. Restitutio Musicae, in: Beethoven. Das Problem der Interpretation. Musik-Konzepte 8, S. 54 ff
- derselbe: Zur Beethoven-Interpretation, in: Beethoven 70, Frankfurt 1970
- Miehling, Klaus. Das Tempo in der Musik des Hoch- und Spätbarock mit zusätzlicher Berücksichtigung einiger früherer und späterer Quellen. Diplomarbeit, Basel 1988
- Mozart, Leopold. Versuch einer gründlichen Violinschule, Augsburg 1756. Neudruck Leipzig 1956
- Münch, Paul (Hg.) Ordnung Fleiß und Sparsamkeit. Texte und Dokumente zur Entstehung der »bürgerlichen Tugenden«, München 1984
- Münster, Robert. Authentische Tempi zu den letzten Sinfonien W. A. Mozarts, in: Mozart-Jahrbuch 1962/63, Salzburg 1964
- Nater, Walter. ›viell zu geschwinde!‹ Anleitung zur richtigen Umsetzung der Metronomzahlen und der Ausführungsvorschriften der vorromantischen Musik. Musikverlag pan, Zürich 1993
- Newman, William-S. On the rhythmic Significance of Beethoven's Annotations in Cramer's Etudes, in: Bericht über den internationalen musikwissenschaftlichen Kongreß, Bonn 1970, S. 43 ff
- derselbe. Das Tempo in Beethovens Instrumentalmusik – Tempowahl und Tempoflexibilität, in: Die Musikforschung, Jg. 1980, S. 161 ff
- Nissen, Georg Nikolaus. Biographie W. A. Mozarts, Leipzig 1828. Neudruck bei Georg Olms Verlag, Hildesheim
- Nowotny, Helga. Eigenzeit. Entstehung und Strukturierung eines Zeitgefühls, Frankfurt 1989
- Pauli, Hansjörg. Un certain sourire, in: Beethoven 70, Frankfurt 1970
- Quantz, Johann Joachim. Versuch einer Anweisung die Flöte traversière zu spielen, Berlin 1752. Neudruck Kassel 1974
- Rehbein, Elfriede. Zu Wasser und zu Lande. Die Geschichte des Verkehrswesens von den Anfängen bis zum Ende des 19. Jahrhunderts, München 1984
- Reidemeister, Peter. Historische Aufführungspraxis. Eine Einführung, Darmstadt 1988
- Riethmüller, Albrecht und Zaminer, Frieder (Hg.) Die Musik des Altertums, Laaber 1988
- Rothschild, Fritz. Vergessene Traditionen in der Musik. Zur Aufführungspraxis von Bach bis Beethoven, Zürich 1964
- Rudolf, Max. Ein Beitrag zur Geschichte der Temponahme bei Mozart, in: Mozart-Jahrbuch 1976/77, Kassel 1978
- Schindler, Anton. Biographie von Ludwig van Beethoven, 3. Auflage 1860
- derselbe: Der Freund Beethovens. Sein Tagebuch aus den Jahren 1841–43, hg. von Dr. Marta Becker, Frankfurt 1939
- Schivelbusch, Wolfgang. Geschichte der Eisenbahnreise, München 1977

- Schönberg, Arnold. Über Metronomisierung, in: Beethoven. Das Problem der Interpretation. Musik-Konzepte 8, München 1979
- Schünemann, Georg. Geschichte des Dirigierens, Leipzig 1913
- Schwandt, Erich. L'Affillard on the French Court Dances, in: The Musical Quarterly, January 1974
- Sloterdijk, Peter. Neuzeit als Mobilmachung, in: FAZ Magazin, 30. Oktober 1987
- derselbe: Kopernikanische Mobilmachung und ptolemäische Abrüstung. Frankfurt 1987
- derselbe: Eurotaoismus. Zur Kritik der politischen Kinetik, Frankfurt 1989
- Stadlen, Peter. Beethoven und das Metronom, in: Beethoven. Das Problem der Interpretation. Musik-Konzepte 8, München 1979
- Steglich, Rudolf. Tempo als Problem der Mozartinterpretation. Musikwissenschaftliche Tagung der Internationalen Stiftung Mozarteum 1931, Bericht Leipzig 1932
- derselbe: Studien an Mozarts Hammerflügel, in: Neues Mozart-Jahrbuch, 1. Jg. Regensburg 1941
- derselbe: Über den Mozart-Klang, in: Mozart-Jahrbuch 1950, Salzburg 1950
- derselbe: Über Mozarts Adagio-Takt, in: Mozart-Jahrbuch 1951, Salzburg 1953
- Stöckel, J. G. E. Über die Wichtigkeit der richtigen Zeitbewegung eines Tonstücks, nebst einer Beschreibung meines musikalischen Chronometers und dessen Anwendung für Komponisten, Ausführer, Lehrer und Lernende der Tonkunst, in: AMZ, Nr. 38, den 18. Junius 1800
- derselbe: Über den musikalischen Chronometer, in: AMZ, Nr. 39, den 25. Junius 1800
- derselbe: Noch ein Wort über den musikalischen Zeitmesser, in: AMZ, Nr. 4, den 26. October 1803
- Talsma, Willem Retze. Wiedergeburt der Klassiker. Band 1: Anleitung zur Entmechanisierung der Musik, Innsbruck 1980
- Taubert, Karl Heinz. Das Zeitmaß bei der musikalischen Interpretation alter Tanzformen, in: Historische Tänze der musikalischen und choreographischen Weltliteratur. Die Tanzarchiv Reihe 15/16.
- Temperley, Nicholas. Tempo and repeats in the early nineteenth century, in: Musik and Letters, Oktober 1966
- Thompson, Edward P. Plebejische Kultur und moralische Ökonomie, Berlin 1980
- Türcke, Berthold. Rudolf Kolisch. Eine biographische Skizze, in: Rudolf Kolisch. Zur Theorie der Aufführung. Musik-Konzepte 29/30, München 1983
- Türk, Daniel Gottlob. Klavierschule, Lepzig/Halle 1789, 2. Auflage 1800. Neudruck 1967 (Kassel) und 1971 (Amsterdam)
- Virilio, Paul. Fahren, fahren, fahren..., Berlin 1978
- derselbe: Geschwindigkeit und Politik, Berlin 1980

- derselbe: Krieg und Kino. Logistik der Wahrnehmung, München 1986
- Weber, M. Die protestantische Ethik und der Geist des Kapitalismus, herausgegeben von Johannes Winckelmann, Tübingen 1972
- Wehmeyer, Grete. Carl Cerney und die Einzelhaft am Klavier oder die Kunst der Fingerfertigkeit und die industrielle Arbeitsideologie, Kassel–Zürich 1983
- dieselbe: Beethoven war anders, in: Almanach der Stuttgarter Sommerakademie 1989
- dieselbe: Zu Hilfe! Zu Hilfe! Sonst bin ich verloren. Mozart und die Geschwindigkeit. Hamburg 1900
- Weissmann, Adolf. Der Virtuose, Berlin 1920
- Weissweiler, Eva. Clara Schumann. Eine Biographie. Hamburg 1990
- Wendorff, Rudolf. Zeit und Kultur. Geschichte des Zeitbewußtseins in Europa, Opladen 1980